# 超「高速」勉強術

椋木修三

JN286003

成美文庫

# まえがき

私にはいくつかの「顔」があります。

カルチャーセンターで現在、教えているのが、記憶術と速読術、それにストレッチ体操です。以前は、ヒーリング、自己暗示法、コミュニケーションスキル、ダンベル体操なども教えていました。九か所のセンターで一七講座の教室を一人で切りもりしていたほどです。

ほかに催眠療法やカウンセリングをしています。これが本職です。

企業研修のトレーナーや講演も多く、その合間に、こうして本を書いたりします。この二か月は、二冊の執筆を並行しました。

趣味では、作詞作曲をして毎年チャリティーコンサートをやったり、小演劇の主幹をして芝居をしたり……昔『野性の証明』という映画でエキストラに出たことなんかもありました。

自分では器用貧乏と称しているのですが、こんな私を「マルチ人間」とか「勉強家」

とほめてくれる人もいます。

しかし、私は基本的には勉強が嫌いなのです。勉強はほとんどしません。

もちろん勉強をまったくしないわけではありません。それでは人前で二時間もしゃべれませんし、一日がかりの社員教育指導も不可能です。本当に勉強している人に比べたら、私のやっていることなど「勉強」のうちにはいらないと思うから、「ほとんどしない」と申し上げているのです。

「先生はいつ眠っているのですか?」とよく聞かれますが、一日だいたい五~六時間は眠っていますので、まあ人並みでしょう。

同様に、勉強量も人並みだと思います。

にもかかわらず、あれやこれやと人並み以上にできるのはなぜか——それには、コツがあるのです。

たとえば、私は本を目次から読みます。

まず、目次の章タイトルを読みます。目次は本の内容が整理されたものですから、本の全体像がサッとつかめるのです。次に、目次の小項目を一つ一つ読みながら、「ここはこんなことを書いているんだろう」「この項目はこういう内容だろうな」と、その項目の内容を想像します。

そのあと実際にページをめくって本文をサラリと眺めます。「やはりそうだったか」と当たっている項目は、「見切った」わけで、もう読む必要はありません。目次からは想像がつかなかった項目だけをチェックしておき、あとでゆっくり読めばいいわけです。「目次は見るのではなく、読むものだ」「本文はただ読むのではなく、見てから読むものだ」ということがわかります。これが、本を速く読み、知識を効率よく吸収するコツの一つです。

私の勉強のし方というのは、こんな調子なのです。何かを学べばそれは必ずものになるように、勉強法に「自動成功機能」をもたせているのです。

世の中には頭のいい人、工夫のうまい人がたくさんいます。読者のみなさんも、きっと私より頭がよく、「もっといい方法で勉強している」という方もおられることでしょう。それはそれで興味がありますので、私にも教えてください。

ですが、本書の中で、「これはいい方法だ」と思えるところが一つでもあれば、ぜひまねてみて下さい。あなたの実力はさらにパワーアップすること疑いありません。「学ぶ」は、「まねる」が「まねぶ」に転じたものなのです。

みなさんは資格の勉強をしているのでしょうか。それとも語学、昇進、転職、自己啓発のための勉強でしょうか。人には言えぬ苦労があると思います。

しかし今は、パソコンやウェブの発達、大学の社会人大学化、教育産業の多様化など、勉強できるチャンスと環境が整ってきています。勉強人口も急増しています。

勉強しているかどうかより、「勉強法」で大きな差がつく時代になったのです。

他方、不況や産業構造の変化にともなって、能力のあるなしによる差別化は、今後ますます強くなるでしょう。学校で学んだことなど、あっという間に陳腐化してしまいます。

効率のよい勉強法がいっそう求められているのです。

本書が、みなさんのお役に立ち、スキルアップの一助になればと願ってやみません。

椋木《むくのき》修三《おさみ》

目次　＊　超「高速」勉強術

2章

# 「理想的な時間」の実現法

――「忙しいけどたっぷり使える一日」の秘密

3章

# 「頭にすぐ入る」状態をつくる

——速度を上げると理解度が下がりがちな人へ

4章

# 覚える努力を最小にしよう

## ——記憶は努力よりコツで増強する

# 5章 鍛練なしで速読力を上げる

——読む速さは「目のつけどころ」ひとつで急伸する

6章

# 試験対策をどうするか

——「本番力」に不安がある人に

## 7章

# いつも元気の出る頭になるために

――「回復力」の強さが勝ち組の条件

プロデュース、編集／吉田　宏
本文イラスト／つのださとし

1章

――意志より「暗示」が集中力を高める

# 潜在意識を活用せよ

# 勉強革命は「暗示革命」から始まる

## 「できない自分」をイメージするな

セミナーなどの冒頭で、私は失礼を承知でこう聞くことがあります。

「自分は集中力がないと思っている人、手をあげてください」「ハーイ」

「自分は記憶力が悪いと思っている人、手をあげてください」「ハーイ」

「では、自分は頭が悪いと思っている人、手をあげてください」「ハーイ」

いっせいに手があがるそのようすを見て、私はこう笑わせます。

「そんなに自信をもって手をあげないでくださいよ」と。

「自信」とは「自己信頼」の略です。自己信頼というとプラスのイメージがありますが、じつはプラス、マイナスの両方に働きます。

自己信頼がプラスに働くかマイナスに働くかで、同じ時間に、同じ場所で、同じ勉強をしても、両者の間には歴然とした差が出てきます。

「自分は集中力がない」というマイナスの自信をもっていると、じっさいに、その人は集中するのが苦手になるのです。「記憶力が悪い」「理解力に乏しい」などという場合も同じことがいえます。

マイナスの自信をもっている人は、「そんなことはありません。あなたにはすばらしい能力があります」と励ましても、「とんでもない！　私は本当に集中力がないんですよ」と自信をもって（？）私の言うことを否定するからやっかいです。

これはもう、自信というより「信念」に近いものがあります。こういう人は、集中力のなさを証明するかのように、注意力散漫な自分をさらけ出し、それに甘んじてしまう傾向があります。

「集中力を強化したい」「記憶力を高めたい」ためにセミナーに来ているはずなのに、集中できない自分、記憶できない自分を一生懸命努力して表現するのです。

変な話ですが、これもまた人間の一つの姿といえます。

このことから一つの結論が出ます。それは、

「潜在意識にインプットした念い《おも》（思考）は現実化する」

ということです。

もちろん一〇〇パーセントではありません。「今すぐ一〇〇〇万円ほしい」と念じても、目の前にキャッシュが魔法のごとくポッと現われるわけはありません。

しかし、とくに人間の行動面においては、如実に自分の思考が具現化します。マイナスの思考をもっていれば、行動は消極的となり、失敗が多くなりがちです。プラスの思考をもてば積極的な行動になり、成功の可能性が高まります。

プラスにもマイナスにも現実化するのですから、「自分は集中力がない」とか、「記憶力が弱い」とかいうマイナスの自信をもたないことが、きわめて大切になってきます。

事実は、「集中力がない」のではありません。「集中のし方を知らない」「集中しようとしない」ということであって、決して「集中する能力がない」のではないのです。

「私には集中する能力がある」

この自己認識をもってください。それだけで、知識の吸収効率がちがってきます。

## 「努力逆転現象」をまず防ごう

とはいっても、「どうにも集中できない」「やっぱり、記憶力に自信がない」と思う人がいるかもしれません。

そういう人は、自己暗示をじょうずに使いましょう。簡単でありながら、かなりの自分改革ができますので、試していただきたいと思います。

ただし、自己暗示にもコツがあります。

「私は集中力がない」と思っている人は、「私は集中力がある」というような直接暗示をしないようにしてください。自己暗示の効果がないどころか、「私は集中力がない」という意識を、潜在意識にますます深く、強固にインプットしてしまうことになるからです。

あがり症の人が「私はあがらない」と直接暗示すればするほど、あがりやすくなるのと同じです。これを、「努力逆転の法則にはまった状態」といいます。

きまじめな人は、とくに逆効果が強くなってしまうので要注意です。

努力逆転現象を防ぐ方法はいろいろありますが、まずは、直接暗示より「間接暗示」を使う方法をおぼえましょう。

たとえば「私は記憶力がない」と思っている人なら、暗示語として「記憶力がよくなる」「記憶力がある」と、ズバリ自分の課題を使用しないことです。それより、ぜんぜんちがう暗示語を使って、間接的に効果をもたらすようにすればよいのです。

たとえば、「記憶力がない」と思っている人は、

「知識が豊富になるのがおもしろい」

「豊富な知識は人生を豊かにする」

といった暗示語がよいでしょう。知識を吸収（記憶）することの苦痛感が消え、知らず知らずのうちに記憶力が増強されていきます。

「集中力が弱い」と思っている人なら、

「私は知識を得るのに貪欲《どんよく》になる」

という暗示語を試してください。たんに「貪欲になる」「貪欲はおもしろい」といった暗示語でもよいと思います。「貪欲にむさぼるように本を読んでる自分」を想像《イメージ》しながら「貪欲はおもしろい」と暗示をかけると、だんだん集中力が高まっていくようになります。

すべてを忘れる人はいないのですから、記憶力がない人はいないのです。好きなことには誰もがみな集中するのですから、集中力のない人も基本的には存在しません。自己暗示をうまく使って、能力を十分に引き出してください。

# 頭に「自動集中機能」を刷り込め

## 気分のムラをどうコントロールするか

人間の脳は、興味のあること、好きなことには自然と集中するようにできています。逆にいえば、興味のないこと、イヤだと感じることをしている時には、「心、ここにあらず」で、集中できない状態になるわけです。たとえば、「イヤだなあ」と感じながら勉強すると、集中できなくても不思議ではありません。

集中できない理由は、その他にもいろいろとあります。おもな七つを列記してみましょう。

①苦痛をともなうことをやる（やりがいのない仕事をする時など）
②イヤだという気持ちが働いている（遊びたいのに遊べず仕事をする時など）
③心に悩みを抱えている（恋愛がもつれたり、人間関係でつまずいた時など）

④肉体的に疲労をしている（くたくたに疲れている時など）
⑤精神的ダメージを受けた（失敗したあとなど）
⑥精神エネルギーを使いすぎた（トラブル処理や仕事が忙しすぎる時など）
⑦ほかのことが気にかかっている（何か気にかかることがある時など）

しかし、人生は好むと好まざるにかかわらず、勉強をしなければなりませんし、仕事を進めなければなりません。

何か理由があるから集中できない、ではすまないわけです。

集中できない理由を抱えていても心をコントロールして集中していくには、「目的意識」をしっかりもつことが重要です。

## 「地図」が見えたらしめたもの

人を洗脳する方法の一つに、むかし軍隊がやった次のようなやり方があります。捕虜に、「穴を掘れ」と命じて大きな穴を掘らせるのです。穴を掘る目的はありません。意味もありません。それを永遠に続けさせます。目的のない作業を続けると、人間は、精神的にも肉体的にもクタクタになり、ボロボロに破壊されます。

こうして洗脳の下準備をしたあと、ポンと別の「目標」や「目的」を与えるのです。そうすると、その「目標」「目的」が何であれ、人はそれを受け入れてしまいます。それどころか不思議に心に張りが戻り、疲れているはずの肉体も急に元気が出て、与えられた目標に喜々として邁進《まいしん》するのです。

ナチスの強制収容所体験を記した『夜と霧』の中で、作者フランクルは、「このクリスマスに解放されるという噂が広まった時、人々は生気をとり戻したが、それが単なる噂であったとわかった時、人々はバタバタと死んでいった」というようなことを言っています。

目標や目的意識の有無が、人間の精神力や生命力に大きな差をもたらすのです。逆にいうなら、目標や目的が見えない時には、みずから進んで、自分なりの目的をもつことが大切になります。

集中力もまったく同様です。

「何のためにやる」かがわかっていて勉強するのと、「何のためにやっているのか」がわからないままで勉強するのとでは、集中の度合いがちがってくるのは当然です。目的意識をしっかりともつ必要があります。

## 目的意識を深く刷り込む三つの質問

「目的意識」をインプットする方法はいろいろありますが、その中でも強烈なものを紹介しましょう。

これから私が三種類の質問をしますから、まじめにお答えいただきたいと思います。何度も質問をしますから、そのうち答えが出てこなくなるかもしれません。それでも確実に答えてください。人によっては、最終的には、同じ答えのくり返しになるかもしれませんが、それはそれでよしとしましょう。

では始めます。

・質問1

あなたは何のために勉強するのですか？　答え（　　　　　　　　　　）
あなたは何のために勉強するのですか？　答え（　　　　　　　　　　）
あなたは何のために勉強するのですか？　答え（　　　　　　　　　　）
あなたは何のために勉強するのですか？　答え（　　　　　　　　　　）
あなたは何のために勉強するのですか？　答え（　　　　　　　　　　）

あなたは何のために勉強するのですか？　答え（　　　　　　　　　　　）
あなたは何のために勉強するのですか？　答え（　　　　　　　　　　　）
あなたは何のために勉強するのですか？　答え（　　　　　　　　　　　）
あなたは何のために勉強するのですか？　答え（　　　　　　　　　　　）
あなたは何のために勉強するのですか？　答え（　　　　　　　　　　　）

・質問2
あなたは何のために勉強をしているのですか？　答え（　　　　　　　　　　　）
あなたは何のために勉強をしているのですか？　答え（　　　　　　　　　　　）
あなたは何のために勉強をしているのですか？　答え（　　　　　　　　　　　）
あなたは何のために勉強をしているのですか？　答え（　　　　　　　　　　　）
あなたは何のために勉強をしているのですか？　答え（　　　　　　　　　　　）
あなたは何のために勉強をしているのですか？　答え（　　　　　　　　　　　）
あなたは何のために勉強をしているのですか？　答え（　　　　　　　　　　　）
あなたは何のために勉強をしているのですか？　答え（　　　　　　　　　　　）
あなたは何のために勉強をしているのですか？　答え（　　　　　　　　　　　）

・質問3

あなたは何のために勉強をしているのですか？　答え（　　　）
あなたは何のために勉強をしようとしているのですか？　答え（　　　）
あなたは何のために勉強をしようとしているのですか？　答え（　　　）
あなたは何のために勉強をしようとしているのですか？　答え（　　　）
あなたは何のために勉強をしようとしているのですか？　答え（　　　）
あなたは何のために勉強をしようとしているのですか？　答え（　　　）
あなたは何のために勉強をしようとしているのですか？　答え（　　　）
あなたは何のために勉強をしようとしているのですか？　答え（　　　）
あなたは何のために勉強をしようとしているのですか？　答え（　　　）

私は企業研修で、研修生に二人ずつのペアになって向かいあってもらい、これを互いに何度も何度も質問させ、かつ答えさせています。

このような問答の目的は五つあります。

①あいまいな答えを具体的にしていくため
②同じ質問にくり返し答えることにより、その答えが自己暗示語となる
③そのくり返しは、潜在意識に強烈にインプットさせることができる
④潜在意識にインプットした言葉は、具体的な行動となって現われる
⑤答えが嘘であるなら成果は出ないことを、あとで知ることができる

この方法は、質問に真摯《しんし》に答えれば答えるほど、非常に具体的に結果が出てきます。

## 「具体的に言えること」は具体化する

好きな人に逢うためなら、少々遠くても、少々借金してでも逢いに行こうとするでしょう。目的意識が明確だからです。「二人だけの時間をすごしたい」という強い欲求が、少々の無理をも通してしまうのです。

目的意識が明確であれば、動機づけ《モチベーション》は強まり、大きなエネルギーが出ます。仕事でも、勉強でも同じことです。さらには、集中力でも記憶力でも、理解力でも、同じことがいえます。

したがって、前述の「あなたは何のために勉強するのか」という問いには、あなたは、

「○○のために勉強する」と、明確に、具体的に答える必要があります。

これがあいまいだと、どんなにすぐれた能力をもっていても、発揮することは難しくなります。

しかし、逆に、それさえ明確で具体的であれば、もう「しめたもの」なのです。無理して「集中しよう」としなくても、目的意識さえしっかりともてば、イヤでも集中できるように人間の脳はできているのです。

たとえるなら、飛行機が離陸前、コックピットでコンピューターに行き先をピッピッピッとインプットすれば、自動的に目的地に飛んでいくのと似ています。

「何のための勉強か」「その勉強によって何が得られるのか」「結果的に自分の生活はどう変化していくのか」「どうよくなっていくのか」――それらを明確にしてください。

そうすれば、イヤでもあなたの集中力は自動的に高まっていきます。

あとは、それを「自己暗示語」の要領で、いつでもどこでもブツブツ言っていればいいだけです。

# 「あせり」を上手に使え

## 効率をカネで買えるか

集中力を高める「集中力増強グッズ」なるものが、世の中にはたくさんあります。雑音を防ぐ耳栓は一〇〇円から、集中力を高める音楽のCDは一〇〇〇円から、本格的な教材となると万円単位と、集中力をお金で買おうとすると、大きな投資になることもあります。

笑い話に聞こえるかもしれませんが、「成功者になるためのセミナー」に参加して、かえって借金をつくり、その結果破産した人が相談に来られたことがあります。

まず、セミナー参加費が一〇万円ばかり。修了したら、成功者になるための教材を買うはめになり、それが一〇〇万円近く。それで成功者になれたのなら安い買い物だったのでしょうが、うまくいかず、さらに上級のセミナーに参加し、教材費などで二〇〇万近く——という調子で、とうとう数百万円のローンを組むことになり、やがて月々の返済が給料よりも高くなって破産状態に陥ったというのです。「成功セミナーではなく、不成功セミナーだった」が本人の弁でした。

しかし、集中力を高めるのに、大金をかける必要はありません。

先の「自己暗示法」も、「目的意識を明確にもつこと」も、グッズは不要でした。お金を出すより知恵を出すのが、高速勉強の基本なのです。

知恵を、時間の活用に向けてみましょう。「時間設定法」と「締切効果」です。

## 一夜漬けは「時間設定法」でやれ

「時間設定法」は、文字通り、時間を設定することです。

たとえば「一五分間でここまでやる」「午後九時三〇分までにこれを終える」というように時間を設定して、その時間内に課題をやりとげるようにするのです。

すぐ効果が出る集中力増強法といっていいと思います。中学時代に一夜漬けで最大効果をあげようと身につけた方法です。学生時代と社会人の勉強はちがいますが、時間設定と集中力の関係をみた場合、非常に有効な方法ですので、今でも愛用しています。

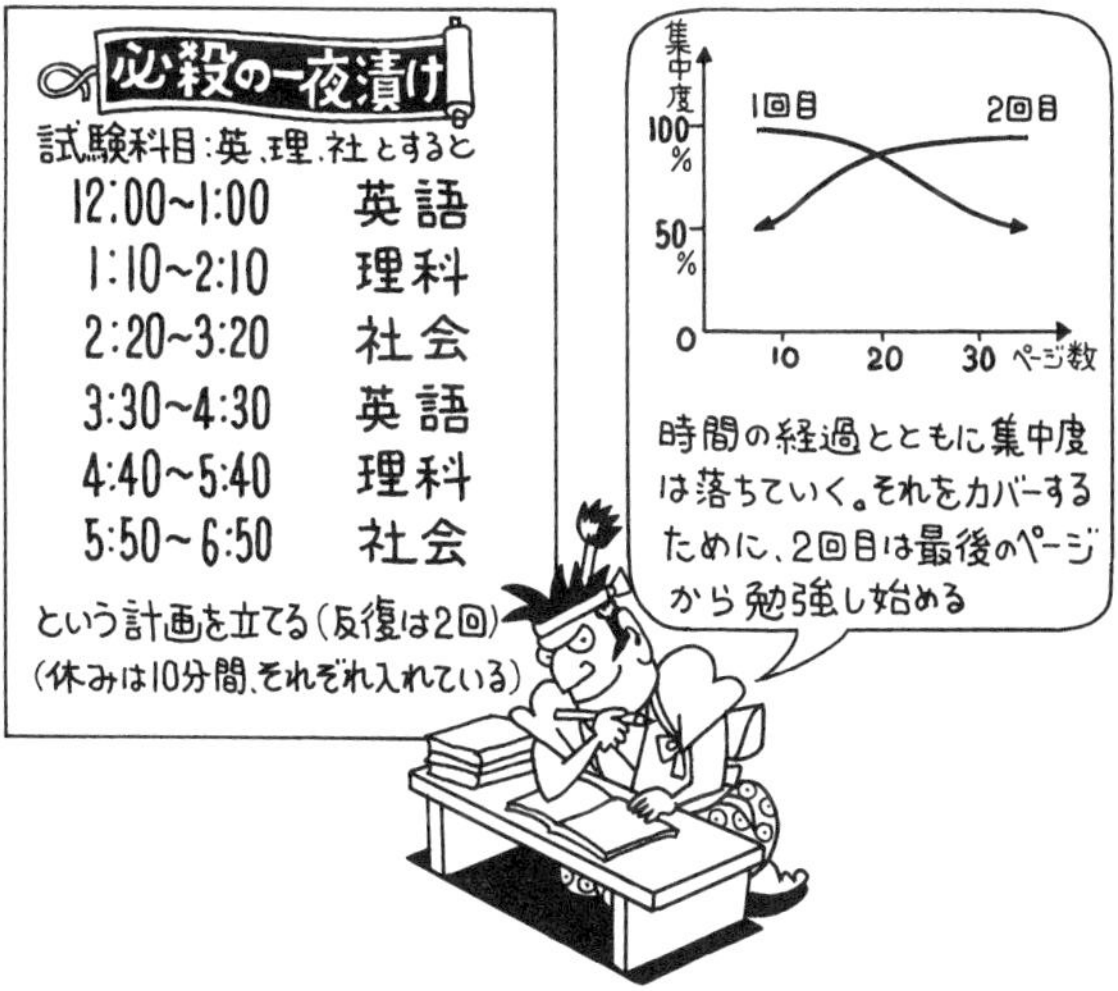


具体的には、次のようにします（イラスト参照）。

①プラン

　試験勉強が三科目あるとすると、一科目一時間ずつ、一〇分間の休みを入れて計画します。これを二回くり返しますが、広い試験範囲を一時間で頭に入れるのは、かなりキツイわけです。しかし、やらなければ結果は無惨な数字になるわけですから、気合いが入ります。つまり、「何がなんでも時間内で終わらせる」ようにすることで、爆発的な集中力を生み出すのです。

②バランス

　たとえば、試験範囲がテキストの二五

〜五〇ページだとします。一回目の一時間では、最初の二五ページから終点の五〇ページまでを暗記していくのですが、物理的に困難ですし、終点近くになると集中の度合いがやはり落ちてきます。それを解消するために、二回目の一時間では、逆に終点の五〇ページから最初の二五ページに向かって勉強していきましょう。これで集中度のバランスがとれ、まんべんなくおぼえていけます。

③カット

注意しておくべきことは、計画上の終わりの時間がきたら、たとえ途中であっても、必ずそこでその勉強をストップすることです。「あともう少しで終わるんだから……」とズルズル引っ張っていくと、他の科目にズレ込み、計画が台なしになります。時間がきたら、スパッと切り捨てる思い切りのよさが、集中力を高めていくことになるのです。ところで、学生時代の私は、試験後いつも後悔をしていました。「たった二回の反復で八〇点以上とれるのなら、三回反復すれば九〇点はとれたろうに。もっと早く試験勉強にとりかかればよかった」と。

たしかにその通りなのですが、こと集中力に関しては、せっぱ詰まることも必要なのです。それが次に説明する「締切効果」です。

## 成功者は「締切効果」の使い方がうまい

仕事に「期限」はつきものです。「今月一〇日までに納品」と決められた日に間に合わなければ、信用をなくすばかりか、損金をとられることもあるでしょう。だから、どんなに無理でも、しゃかりきになって働くわけです。

もちろん、これは勉強も同じです。期限を設定することで、ダイナミックに学習効果が働き始めるので、集中力を高めるのに非常に効果的なのです。

その効果を「締切効果」といいます。先の時間設定法にも、締切効果が組み込まれていました。

成功者といわれる人たちは、必ず締切効果を活用しているものです。

たとえば、日産自動車のゴーン社長は、社長就任後わずか二年で、同社を瀕死の状態から史上最高の経常利益を出す状態にまで経営を立て直しました。みずから期限を設定することで、短期間に、経営戦略から、さまざまな改革までが断行できたのです。

集中しない人の逃げ口上は「そのうち、なんとかなるさ」です。人生を大きくとらえると「なんとかなる」のも事実です。しかし、瀕死の床で「そのうちに」とは言えません。同様に、目標に向かって勉強をしている今この時も「なんとかなる」は禁句なのです。

「締切効果」を爆発的に発揮させるには、

①明確、具体的な時間、期限の設定をすること

②何がなんでもその時間（期限）までにやりとげる信念をもつこと

③時間と期限は、自分が考える能力を少し超えたところに設定すること

が大切になります。

高速勉強には、とくに③がポイントです。目標は、ちょっとキツめにしましょう。

たとえば私は、この本の執筆ペースを「一日五ページ以上書くこと」と設定しました。すると、約五〇日弱で原稿が完成します。出版社の締切から計算すると、一日四ページずつ六〇日間で書きあげればオーケーなのですが、私自身の締切は、それより一〇日キツくしたのでした。

余裕というのは、そういったところから生まれます。一夜漬けの得意な私も、こればかりは一夜漬けできません。短期間、短時間で最大の成果をあげるためには、ちょっとキツイ設定をすると、「締切効果」が大いに発揮されるのです。

# とかく雑念の多い人に

## 雑念は「どう払うか」より「どう扱うか」

集中力に関する相談でもっとも多いのが「勉強をしている時、雑念が出てきて集中できない」という内容です。

「無我夢中」とか「一心不乱」「無念無想」「無我の境地」などという言葉があるせいか、集中しきった世界にはまったく雑念がないとイメージしている人が多いようですが、それはちがいます。

むしろ、「雑念はなくならない」と考えたほうが正しいと思います。

坐禅中の禅僧も、雑念がいっぱい。バイオ・フィードバック装置でアルファ波がいっぱい出ている人も、雑念だらけ。一心にスポーツや勉強、仕事に打ち込んでいる人も、雑念満載なのです。

では、「集中できない」と言う相談者と、集中力のすぐれた人との差は、どこにあるのでしょうか。

「雑念のとり扱い方」がちがうのです。集中できない人は雑念のとり扱い方がへたで、集中力の強い人はじょうずということです。

雑念が出てきた時に「雑念が出たッ。これはまずい」と思い、すぐ雑念をとり払おうとしていませんか。これでは、逆に雑念がからんできます。払っても払ってもとりついてきます。雑念にとらわれた状態です。

「とり払おう」とするのが、もっとも愚かな雑念除去法なのです。

一方、集中力のすぐれた人は、雑念が出てきた時、とり払おうとしません。ただ放っておきます。無視するのです。すると、雑念はからんできません。いつの間にか、どこかへ消えてなくなってゆきます。

これが、雑念をじょうずにとり扱うコツなのです。

## マイナス思考をも肯定するのが本当のプラス思考

たとえば「プラス思考が大切」と言われ、マイナス思考であった自分を反省して、プラス思考をしようとします。ここまではいいのです。

しかし、このあと、「プラス思考にしなければならない」とか「あ、またマイナスに考えてしまった。プラス思考をしなくちゃ」などと考えてはいけません。もうこの時点でマイナス思考をしていることに気づいてください。

そもそも、「プラス思考をしなければならない」と考えることじたいが、マイナス思考なのです。本当のプラス思考ができる人は、こう考えます。

「マイナス思考もオーケー！」

「マイナス思考をしてもよい」

「マイナス思考も大切である」

と、マイナス思考をすることすら肯定してしまうのです。これこそが本当のプラス思考といえます。

「雑念が出るから集中できない」と思い、「雑念を消さなくてはいけない」と考えるのも同様です。そうすればそうするほど、雑念が雑念を呼び、ますます雑念に苦しむ結果になります。

集中力のすぐれた人は、「雑念が出てくるのは当然」と思っているので、無理にとり払おうとせず、放ったらかしにします。その結果、むしろ雑念は消えてゆくことになるわけです。

雑念をとり払おうとすればするほど雑念にとりつかれる。ストライクに入れようとすればするほどボールになる。眠ろうと努力すればするほど目が冴えてくる。このような状態は「努力逆転の法則にはまった状態」だと、23ページでも申しました。

努力逆転の法則から脱出するには、「間接暗示」と並行して「肯定思考」をするのがベストです。「雑念が出てくるのがあたり前」「ストライクに入らなくてもかまわない」「眠れなければ眠らなくてもよい」と考えること。これが努力逆転の法則から脱《ぬ》ける有効な方法なのです。

こうした肯定的思考は、次のような「雑念活用集中法」から生まれます。

## 体を正せば心も正される

坐禅は、半眼（半分目を閉じた状態）で、膝から約三〇センチ先を見るようにするのですが、そうすれば心が無念無想になるわけではありません。ただ、外から自分の心を眺めやすくなるといえます。

いろいろな想念が出ては消え、消えては出る心の動きを観ることを「内観」などといったりします。この内観をすることで、心の平安を得るのが坐禅だともいえるでしょう。問題は、雑念が出てくることではなく、雑念にとらわれることなのです。

雑念をうまく活用することで集中力を高めていく簡単な方法は、瞑想です。中でもいちばんやさしいのは、正座瞑想法でしょう。

①時間は一〜三分間（これだったら、足はしびれません）

②ただ目を閉じて、心の中をのぞけばいい

これだけです。

寝る前に今日一日のできごとをふり返るのもよし。その時その時に出てくるものを、出てくるがままにまかせるのもよし。ただ座り、ただ目をとじ、ただ心の中を眺めるだけでいいのです。

ただし、体の姿勢はくずさないことです。体の姿勢は心の姿勢につながり、ひいては自分の生きる姿勢につながるからです。

心の状態は体（言動）に表われます。心がイライラしていれば、行動は落ち着かなくなります。心が喜びに満ちていれば、行動は穏やかなものになります。

当然、雑念にとらわれていれば、体の姿勢もゆがんできます。逆に、体の姿勢がくずれなければ、心の姿勢もくずれることはなくなるのです。

雑念が出てきても、体の姿勢（生きる姿勢、仕事をする姿勢、勉強する姿勢）をくずさなければ、雑念にとらわれることはなくなります。

それは結果的に、仕事をしていても、勉強していても、雑念に左右されることなく、自分のすべきことを全うすることができるようになることを意味しています。

さらに、雑念が出るがままにまかせることがうまくなれば、いわば「心の煙突掃除」をすることになりますので、頭はスッキリとし、気分をサッと切り換えることもじょうずにできるようになります。

雑念も、こうしてうまく使えば、非常にすばらしい効果をもたらします。どうぞ雑念を嫌わないでほしいと願います。

# 「疲れて集中できない」状態をなくす

## 自分が疲れやすいのは体か精神か

疲労には二種類あります。肉体的疲労と、精神的疲労です。

肉体的疲労とは、文字通り肉体が疲れた状態を意味します。運動や、体を使う遊びや仕事をしたあとでぐったりとするのが肉体的疲労です。

一方、精神的疲労は、精神的に疲れた状態を意味します。肉体的にはそれほど重労働をしているわけではないのに、妙にくたびれた感じがする時などは、この精神的疲労だと思ってよいと思います。

この二者は互いに混合していて厳密に区別することは難しいのですが、区分したいなら、睡眠をしてみればわかります。

七～八時間ぐっすり眠れてスッキリと目覚めることができるのなら、肉体的疲労といえます。眠れないとか、寝不足感があって、目覚めても意欲ややる気がわかない時は、精神的疲労が相当たまっているとと思ってよいでしょう。

「ゆうべ、あんなに寝たのに、体がだるい。スッキリしない」という人は、ストレスが相当たまっている可能性があります。

十分に休養しても疲労がとれないこのような場合、どうしたらよいのでしょうか。

肉体的疲労は休養を与えればすぐ回復しますが、精神的疲労はたんなる体の休養では回復せず、むしろ、逆に体を動かしてやるとよいのです。体を刺激して活性化することで、疲労を回復させるわけです。

具体的には、左ページのイラストのような、その場でできるストレッチが最適です。体を動かすのが面倒くさいほど疲れている人は、マッサージをしてもらうのもよいでしょう。要は、血液の循環や「気」の流れをよくすることです。

## 注意力散漫に散歩が効くのはなぜ?

ストレッチやマッサージよりもいいのが、運動です。

深刻なほど精神的疲労がたまって鬱《うつ》状態に入っていれば、体を動かすエネルギーすら

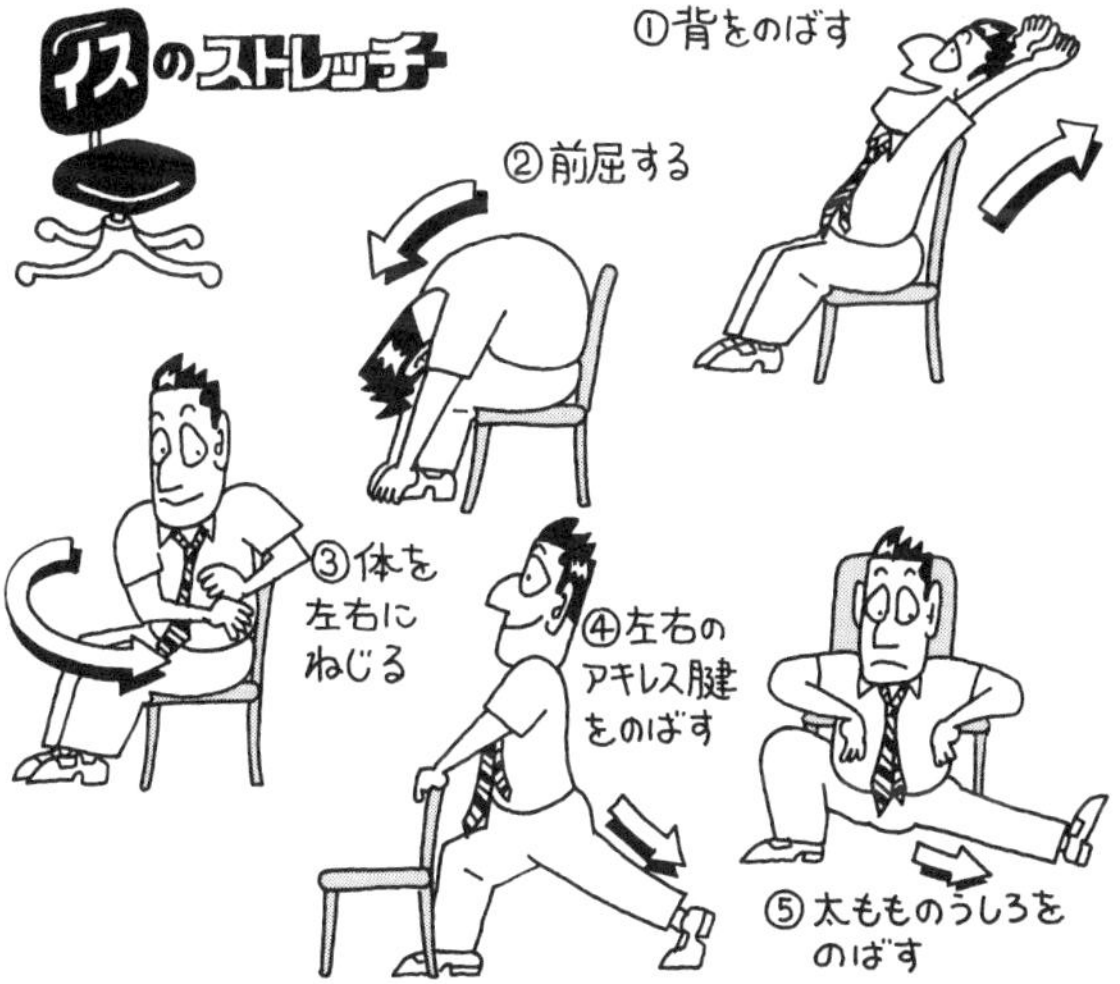
イスのストレッチ
①背をのばす
②前屈する
③体を左右にねじる
④左右のアキレス腱をのばす
⑤太もものうしろをのばす

なくなり、運動することが難しくなります。しかし、通常の精神的疲労なら、運動は難しいことではありません。気分転換がてらの散歩から始めてみましょう。

一日一万歩なんて必要はありません。ものの一〇分間でも十分な効果が得られます。近くに買い物や用事で出かける時など、車や自転車を使わず、歩くようにしてください。

車の運転は、気分転換にはなりますが、疲労回復にはなりません。体を動かすことは、気分転換と疲労回復を同時にできる、よい方法なのです。

その意味では自転車もよいのですが、ゆっくりとこぐことが大切です。

というのは、筋肉には「速筋」と「遅筋」の二種類があるからです。大脳を活性化させるには、瞬発力が強い「速筋」を動かすよりも、持続力にすぐれた「遅筋」を働かせたほうがいいといわれています。

また、日本人は遅筋線維のほうが発達しています。陸上の日本人選手は短距離走には弱いけれどマラソンなどには強いといわれるのも、そのためです。遅筋は持続的な動きのほうに働きますから、長時間できるウォーキングや、ゆっくりしたサイクリングがよいというわけです。

歩いていると、フッと問題が解決したり、思わぬ発想《ひらめき》が出てくるものですが、これは筋肉を動かすことで神経が刺激され、脳を覚醒するためです。名探偵シャーロック・ホームズのシリーズや、横溝正史氏の金田一耕助シリーズの小説などで、主人公はしばしば部屋の中をウロウロ歩きます。動くことで脳を活性化させ、推理に集中しやすい状態をつくっているのです。

かの名探偵まではいかなくても、集中力を高めるためにも、歩くことは非常にすぐれていることに注目しましょう。

# 思考スピードをさらに高める「道具」の工夫

## ストレスが「ない」のも困りもの

都会から離れて地方で生活していると、イライラしてくることがあります。都会の喧騒から逃れたくて地方に行くわけですが、二、三日もすると、今度は刺激が少なすぎてイラついてくるのです。

また、私は音があると安心して眠れるところがあって、しばしばテレビなどをつけたまま寝入ってしまいます。スヤスヤ寝ているので家人がテレビを消すと、逆に目が覚める、という笑い話になるわけです。

ストレスにも、都会の刺激やテレビの音声と似たところがあります。

ストレスがありすぎると病気になります。しかし、ストレスがまったくないのも困りものです。地方であまりにのんびりしすぎるとイライラするのと同じで、集中するためには、まったくストレスや刺激のないのも困るということです。

その代表が「ながら族」でしょう。ラジオや音楽を聴きながら勉強するほうが集中できる「ながら族」の人が、無音の環境で勉強したならどうでしょう。能率は落ちるにちがいありません。他人が聴けばうるさい雑音でも、当人には、ほどよい脳活性化の刺激になっているのです。

その意味で、適度な刺激を与える、各自に合った道具を利用すると、簡単に集中状態に入れるようになって便利です。

## 音を使って心を静かにする法

「マインドミュージック」といわれる静かで瞑想的な音楽があります。もともとはクラシック音楽が主流をなしていました。

音楽には不思議な力があり、以前ある大学で、音楽が植物にどのような影響を与えるのかを研究した人がいます。音楽によって雪の結晶の形が変わることもわかっており、ましてや、感情をもつ人間が音楽に影響されないはずがありません。

その発展型が「音楽療法」です。

人間のさまざまな感情に合わせて音楽を聴かせると、精神の高揚や鎮静化に大いに役立つことがわかっています。

一般的に、右脳活性化や精神安定にはバッハやモーツァルト、ヴィバルディなどがよいとされています。たしかに、イライラした時に聴けば、気分が澄んでいくのが実感されるでしょう。病院の待ち合い室でクラシックの音楽を流したりするのも、待っている間のイライラや不安感などをやわらげるためです。

しかし、人によっては、クラシックを聴くとイライラする場合もあります。そういう人は、自分の好きな音楽を聴きましょう。

いずれにしても音楽は、集中力を高めるうえでの利用価値が大です。

同様の効果が、自然音にもあります。

以前「1／fゆらぎ」がちょっとしたブームになりました。音は空気の振動ですが、小川のせせらぎ、砂浜の波の音、そよ風の音、小鳥の声など自然の音には、1／fといわれる振動のゆらぎがあり、それが耳を通して脳内に入れば、心をリラックスさせる効果があるというのです。

最近では、都心を走る地下鉄半蔵門線のホームで小鳥の声が流されています。客同士のトラブルを防ぎ、自殺防止、かけ込み乗車事故防止などを意図しているようです。JR中央線も、人身事故でよくダイヤが乱れるためでしょうか、音楽を流しています。

ホームで映画音楽の「ムーン・リバー」や、自然音である「小鳥のさえずり」を聴くと、ホッとした温かなものを感じ、イライラ、ギスギスした感情が消えていくのを感じます。これを勉強部屋に流すのも一つの方法といえます。

イライラした中での勉強は頭に入ってきません。

静かな世界を演出することで集中して勉強ができるのなら、それにこしたことはないのです。

## 知的生活に「色もの」を欠かすな

大脳によい環境づくりをしたいのなら、部屋の中に観葉植物を置くとよいでしょう。

春先の新芽や若葉は透き通るようないういしさを感じますし、目にはやさしく、気分は爽快になります。

中学時代、担任の先生が「精神を癒すために、緑の多い田舎の学校を希望して来た」と言ったのを記憶していますが、私も同じ年代になって、その言葉の意味がわかってき

ました。
たしかに、緑色、青色などは心を鎮静化するのに役立つのです。職場の壁や備品の色を変えて仕事の効率化をはかる企業があるほどです。失敗や事故が減り、仕事の効率は高まっている工場も少なくありません。
植物は、そういった色彩効果を与えてくれるうえに、心をなごませてくれ、かつ空気を清浄にしてくれます。
また、部屋が汚れてくるとダラダラした生活になりがちで、逆に掃除をするともりもり勉強したくなる、というような体験をしたことがあると思います。観葉植物をひとつ部屋に置いておくと、部屋は汚しにくくなるものです。

知的な生活にあこがれている人はぜひ試してみましょう。

観葉植物でなく、風景画や素朴な絵画を部屋に飾るのも、集中力を高めるひとつの方法です。

絵には個人の趣味が大きく反映されるので一概にはいえませんが、集中力を高めるには、あまり色あざやかな絵より、シンプルな風景画のほうがよいように思います。

絵から「f／1ゆらぎ」は出てきませんが、絵には絵の波動のようなものがあって、心に影響を与えるのは、たしかです。

将来は音楽療法と同じように、イライラした時はこの絵、怒った時はこの絵、やさしい気持ちになりたい時はこの絵……などと、症状、状態に合わせて見る絵を紹介するような本が出てくるかもしれません。

まあ、それは余談ですが、心を静めるために、絵画やカレンダーのポスターなどを部屋に飾り、それをボーッと一分間ぐらい眺めてから勉強を始めるのも一つの方法です。

景色のよいところに住んでいる人なら、窓から風景を見るのもいいでしょう。それこそ、天然の大風景画です。

# 「アロマ」効率化術

ある日タクシーに乗ったら、ふっと果物の匂いがして、非常に気分をよくしたことがあります。タクシーのメーターの上に、半分に切ったグレープフルーツが置いてあって、そこから快い匂いが車内に広がっていたのでした。

「匂いはこれほど精神も肉体も心地よくするものなのか」と、その時、つくづく感じたものです。

それを体系化したのが、アロマテラピー（芳香療法）です。植物から抽出したエッセンシャルオイル（精油）の効果で、ストレスの耐性を強化したり、免疫力を高めたり、勉強や仕事の効率化をはかったりします。

アロマテラピーは、日本で注目されてから、もう二〇年以上になるでしょう。すでに臨床面でも理論面でも認知されている有効な方法です。

日本には伝統のアロマテラピーがあります。お香をたく「香道」です。こちらも、何百年もの歴史をもち、かなり有効です。

アロマテラピーで使う精油は何十種類、何百種類もあります。お香もかなりの種類があるようです。勉強の効率をあげるものもありますし、気持ちをリラックスさせて快眠へと誘うものもあります。自分の状態に合わせて選ぶと、おもしろい効果が得られると思います。興味のある方は、デパートや専門店に行っていろいろ試してみるのもよいでしょう。

もっとも、香りの活用を手軽にやるなら、身近にある果物で十分です。

2章

——「忙しいけどたっぷり使える一日」の秘密

# 「理想的な時間」の実現法

# 時間の「失敗リスト」をつくろう



## 「余裕がない」と錯覚するな

引退した貴乃花がまだ大関で横綱をめざしていた昔、綱のかかった大事な一番で負けたことがあります。その時のインタビューで彼はこう言いました。「弱いから負けたんです」と。なんともそっ気ない言葉でしたが、私は「こいつはすごい男だ」と妙に感動した記憶があります。

私だったら、どう答えるだろうかと思いました。まちがいなく、相撲の流れを分析したり解説したりして、自分の負けた理由を話すのではないかと思います。賢そうに見えて、愚の骨頂ですね。

彼はそれをしませんでした。いかなる理由があろうと、弁明の余地があろうと、負けは負けだ、苦境を乗り越えられなかったのは、ひとえに「自分が弱い」からであり、技術面で未熟であったからだと素直に認めたのでした。

精神的支柱がしっかりとしていなければ、できないことです。こういう人は、技術では負けても、心まで負けてはいないから、強くなれますし、勝利者になっていけます。敗者は、技術で負けて、なお心まで負けてしまいます。

つまり、まず、言いわけを考えることが、敗者の心理パターンなのです。

話は変わりますが、一人暮らしを始めた頃、私は、狭いながらも自分の城がもてて、すごくうれしい気持ちになったものです。「知的生活」にあこがれ、勉強したいと思いました。ところが、机がありません。おもしろいもので、机がないとますます猛烈に勉強したくなりました。で、私は「机があったら、俺は勉強するのに……」と思ったものです。

一か月後、なけなしの金をはたいて、立派なインテリア机を買いました。どうなったでしょう。「さあ、もりもり勉強するぞ！」と思ったものの、それっきりパッタリ勉強しなくなったのでした。

机を手に入れて安心したのでしょうか、それとも……そうです。本当に勉強をやろうという気が初めからなかったのです。勉強したいというポーズをとっていただけなのでした。

本当に勉強したかったのなら、机がなくてもやっていたはずです。近くの図書館に通いつめていたでしょう。私は、机がないことを、勉強しないことの言いわけにしていたのです。

明治の女流作家、林芙美子は、本が読みたくてたまらなかった少女時代、家が貧しくて簡単には本が手に入りませんでした。彼女はどうしていたかというと、押入れのふとんの下に敷いている新聞でさえ、暗記するほど、何回も読んでいたといいます。

この差ですね。私とは大ちがいです。

ですから、私は偉そうなことは言えませんが、本当にやる気があるのなら「時間がない」と言いわけをしないことです。「時間がない」とは「時間をつくる能力がない」「時間をつくる気がない」ということなのです。

「勉強する時間がない」「読書の暇がない」というのは、正確には「遊ぶ時間はあるけれど勉強する時間をもとうとしない」「デートの時間はつくるが、読書の時間はつくる気がない」ということだと思います。

「時間がない」のは錯覚であって、「時間はある」のです。有意義な時間をつくる気がない、つくろうとしない、厳しい言い方をすれば、つくる能力がないだけです。

## 「時間センス」ががらりと変わる五質問

時間は水と同じで、どのようにでも形を変えていくことができます。水が四角い器でも、三角や丸い器でもスッポリはまっていくように、時間のかたちも使う人しだいでちがってきます。

時間を有効に使いたいかどうか、一分間でも大事にしたいかどうか。時間に対する鋭敏さが大事です。

第1章でやったように、まず、次の質問に答えてみてください。

・質問1

あなたは本当に有効に時間を使いたいと思っていますか？　答え（　　　）

あなたは本当に有効に時間を使いたいと思っていますか？　答え（　　　）

あなたは本当に有効に時間を使いたいと思っていますか？　答え（　　　）

あなたは本当に有効に時間を使いたいと思っていますか？　答え（　　　）

あなたは本当に有効に時間を使いたいと思っていますか？　答え（　　　）

・質問2
では、有効な時間をつくるために、あなたはどうしますか？　答え（　　　）
では、有効な時間をつくるために、あなたはどうしますか？　答え（　　　）
では、有効な時間をつくるために、あなたはどうしますか？　答え（　　　）
では、有効な時間をつくるために、あなたはどうしますか？　答え（　　　）
では、有効な時間をつくるために、あなたはどうしますか？　答え（　　　）

・質問3
その有効な時間は一日だいたいどのくらいとれますか？　答え（　　　時間）
その有効な時間は一日だいたいどのくらいとれますか？　答え（　　　時間）
その有効な時間は一日だいたいどのくらいとれますか？　答え（　　　時間）
その有効な時間は一日だいたいどのくらいとれますか？　答え（　　　時間）
その有効な時間は一日だいたいどのくらいとれますか？　答え（　　　時間）

・質問4
では、その時間を何のために使いますか？　答え（　　　）
では、その時間を何のために使いますか？　答え（　　　）

では、その時間を何のために使いますか？　答え（　　　　　　　　　）
では、その時間を何のために使いますか？　答え（　　　　　　　　　）
では、その時間を何のために使いますか？　答え（　　　　　　　　　）

・質問5
あなたは、本当にそれをやり通せる見通しがありますか？　答え（　　　　）
あなたは、本当にそれをやり通せる見通しがありますか？　答え（　　　　）
あなたは、本当にそれをやり通せる見通しがありますか？　答え（　　　　）
あなたは、本当にそれをやり通せる見通しがありますか？　答え（　　　　）
あなたは、本当にそれをやり通せる見通しがありますか？　答え（　　　　）

最後の質問に、きちんと「見通しがある」と答えられれば、あなたはまちがいなく、時間を有効に使えるでしょう。時間に対して敏感になっていくだろうと思われます。どうぞ、がんばってほしいと思います。

さあ、どうでしょう。

その気になれば、あなたの忙しい二四時間にも、ちゃんと「時間がある」ことに気づいたでしょうか。気づけば、そこがスタートです。

「並行勉強」成功術



## 「二〇分間」をくり返せ

「多芸は無芸」といいます。いろいろなことができる人は、深みがないので、結果的に芸がないのに等しいという意味です。とすれば、「器用貧乏」「なんでも屋」より、「一事専心」で、一つの道を脇目もふらず追求していくほうがよいようにも思います。

しかし、現代は、そうとばかりいえない現実も多々あります。

たとえば私は今、この原稿を書きながら、同時にあと二つの原稿を書きあげなければならない状態にあります。「一事専心」で、まずこの原稿を終えてから次へといきたいところですが、どれも締切が同時期で、そんな悠長なことは言っていられません。では、どうするか？　並行仕事をやるしかないわけですが、やり始めると、おもしろいものでそれこそ何とかなるものなんですね。人の能力は、かなりの並行処理に耐えられるようにできているようです。

ただし、効率をあげるには、頭のしくみをふまえたコツが必要です。

心理学実験で、意味のない数字をおぼえる実験があります。やってみると、いつも必ず、最初のほうと最後のほうが頭によく残っているものです。このことから、人間が集中して記憶できるのは、最初と最後だということがわかります。

次に、個人差もありますが、人間が集中できる時間は二〇分間ぐらいだということが心理学でわかっています。一時間続けて勉強するよりも、二〇分間の勉強を三回くり返すほうがいいということです。

もう一つ押さえておきたいことは、人間の脳は、苦痛を感じるようなものについては、飽きっぽいということです。勉強を長くやっているわりには成績があがらない場合は、苦痛感をもってやっていないか疑ってみましょう。

苦痛感があるということは、ストレスを感じているということです。精神的ショックが大きいと、その後の学習能力（記憶力、集中力、理解力など）が低下することはよく知られている事実ですが、ストレスも学習能力を低下させる大きな要因となります。

ですから、苦手な科目を勉強する時は、長くダラダラやるより、短時間で早く切り換えるほうが高速学習能力を身につけていくことができるといえます。

## 決め手は最後の五分間

じっさいには、たとえば、次のようにします。

①英単語二〇単語を二〇分間でおぼえる

まず、英単語を一〇分間でおぼえます。そのあと五分間、おぼえた単語をふり返ります。その時、思い出せない単語が出てきてもオーケーです。これは、いわばイメージトレーニングのようなものだからです。

最後の五分間で、じっさいに単語をノートに書き出してみましょう。この時、スペルがまちがってもかまいません。むしろ、スペルをまちがったほうが印象に残りやすく、強く記憶していくことができると考えましょう。

じっさいは単語を書き出すのに五分もかかりませんが、これで一時間の三分の一を終えました。

②テキストを二〇分間読む

たとえば資格試験をめざしているのなら、そのテキストを開きます。まず一五分間で読める範囲（ページ）を決めてから、集中して読みます。ストップウォッチや携帯電話の時計などを、一五分たったらピピピッと音が出るようにセットしておくと便利です。

一五分たったら、残りの五分間で、いま読んだ内容を思い出してみます。そもそも、記憶したかどうかの差は、あとで思い出せる（再生できる）かどうかによります。勉強しっぱなしではなく、必ず思い出す時間をつくることが大切です。その習慣を日々くり返していくと、記憶のパイプが太くなっていきますから、合格率も高まっていくことはまちがいありません。

これで三分の二が終わりました。

③問題集を二〇分間解く

最後の二〇分間は、また別の勉強をやります。読書でもよいでしょう。やり方は同じです。

問題集を解くのも一つの方法です。時間は一〇分間。一〇分間で解いて、五分間答え合わせをして、最後の五分間でふり返るのです。

どうでしょう。なんだか、すごく忙しく感じませんか。じっさいその通りで、一時間をきちんと二〇分間ずつ三等分するのが困難な場合も少なくありません。一時間のつもりが、うっかり一時間一〇分になったりすることもあります。
ですが、このようにパッ、パッと目先を変え、気分を転換しながら勉強すると、想像以上の効果が出てきます。

## 「ピタリと勉強をやめる」のも勉強術

私のところに、高校生が月二回来て、一時間の間に二つの語学を勉強しています。一つはフランス語、一つは英語。フランス語のほか、中国語、広東語、イタリア語、ベトナム語といろいろな語学にチャレンジしています。「ちょっとやりすぎじゃないか」と私が制止しなければ、どんどん別のものをもってくるのです。

前述の通りの方法で行なうと、習得の速度はみごとなものです。会話文を一〇分間でおぼえる集中力と記憶力のすごさは、幼児期の病気のせいで知能的にやや劣る面があるとは信じられないほどです。

ある辞典を編纂した学者が、学習意欲を継続させるコツとして、自分に課した約束事があると言っているのを聞きました。それは、「本を一日四冊以上読まない」ということです。

その学者は並行読書をしているのですが、ただし「四冊までとする」ということなのです。少しでいいのです。コマ切れでいいのです。それを毎日同時に行なうと、楽しみを継続させていくことができます。

そういう読み方や、勉強のし方をしたことのない人には、なんとももどろっこしい感じがするかもしれません。しかし、さにあらずです。知識欲の旺盛な人は、一つでも多く、一冊でも多くの情報や知識を頭に入れておきたいものです。そのためには「並読」が最適です。

ここでも大切なことは、けじめです。

一日四冊までと決めたら、ピタッとやめること。「二〇分間でここまでやる」と決めたら、たとえ途中であってもそこでピタッとやめること。これがポイントです。

「キリのいいところで」と、ついつい延長してしまうことがよくあります。

しかし、そうすると、けじめがなくなり、集中力はおろか、時間力も身につかないで終わることになりかねません。この点は十分に気をつけてください。

# 「隙間」に勉強を詰め込め

## 時間の「穴」に気づこう

これだけ成熟した社会になると、新しく会社を興すのは無理じゃないかと思うのですが、若い起業家たちは、隙間《ニッチ》をぬって立派に会社を興しています。いわゆるベンチャー企業の会社のほとんどは、この「隙間」を利用しているのです。

どんな世界でも必ず隙間はあるもので、そこにいかに目をつけるかが発展のキーポイントになります。

一日二四時間と決まっている時間にも「隙間」はやはりあって、その活用のし方により、各自の能力の差はどんどん広がっていきます。

忙しい人ほど「時間があれば」と嘆かず、時間の隙間をうまく使って、「時間をつくる」工夫をしているものです。

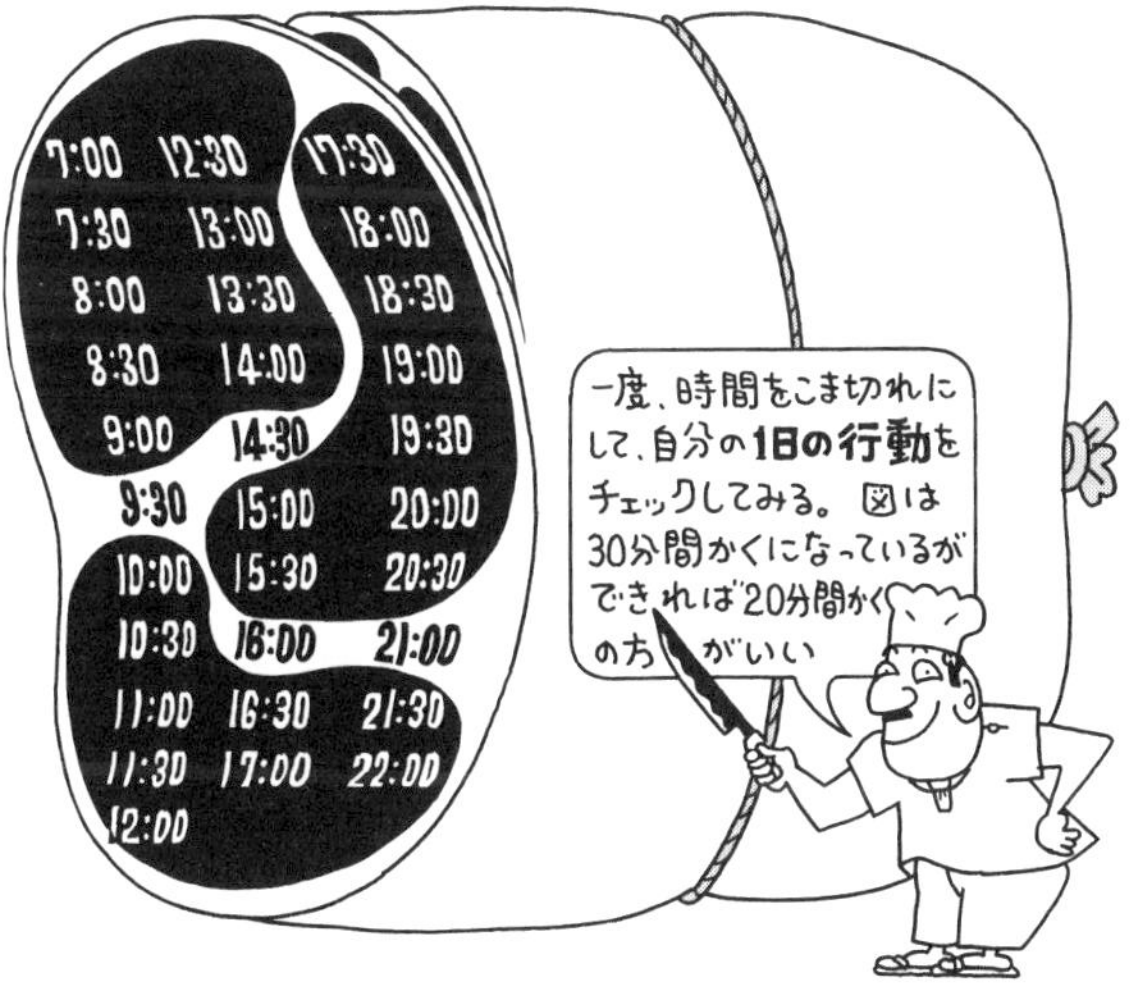


私の不動産業界の知人に、なんと分単位で計画を立てている人がいます。パソコンできっちりと時間の設定をし、管理しています。人間は一人で生きているわけではなく、自分の分単位の都合がすべて通るはずがないのに、よほどの緊急事態でない限り、自分のペースをくずそうとはしません。

そこまでいかなくとも、一〇分か三〇分単位で時間管理をしてみましょう。非常に大きな「時間力」が身についてきます。時間の「穴」が見えてくるのです。「自分はこの時間、今まで何をしていた？」と言いたくなるほどです。

まずは一日二四時間の平均的なすごし

方を、具体的に書いてチェックしてください。単位は二〇分もしくは三〇分です。図は三〇分間隔になっていますが、できれば、二〇分間隔がよいと思います。そのほうが、隙間時間をよりこまかく見つけることができるからです。

一日の平均的な時間の使い方でかまいません。「じっさいは毎日ちがうんだけど」と考え込まなくてよいのです。日々の隙間時間は変化しますが、まずはチェックリストをつくってみることで「気づき」を得ることが大切なのです。

「ははあ、だいたい、このあたりの時間が空いていることが多いな」と気づけば、こっちのものです。「さて、その時間に何をするか」が、時間の効率化をどんどん進めていくことになるのです。

この「何をするか」は、すでに62〜63ページで考えてきましたので、ちゃんとおわかりのことと思います。日常の忙しい仕事や暮らしの合い間に、驚くほどたくさんの勉強ができるでしょう。

## やることを決めると時間が生まれる

ところで「運命は変えられるかどうか」について、みなさんはどのようにお考えでし

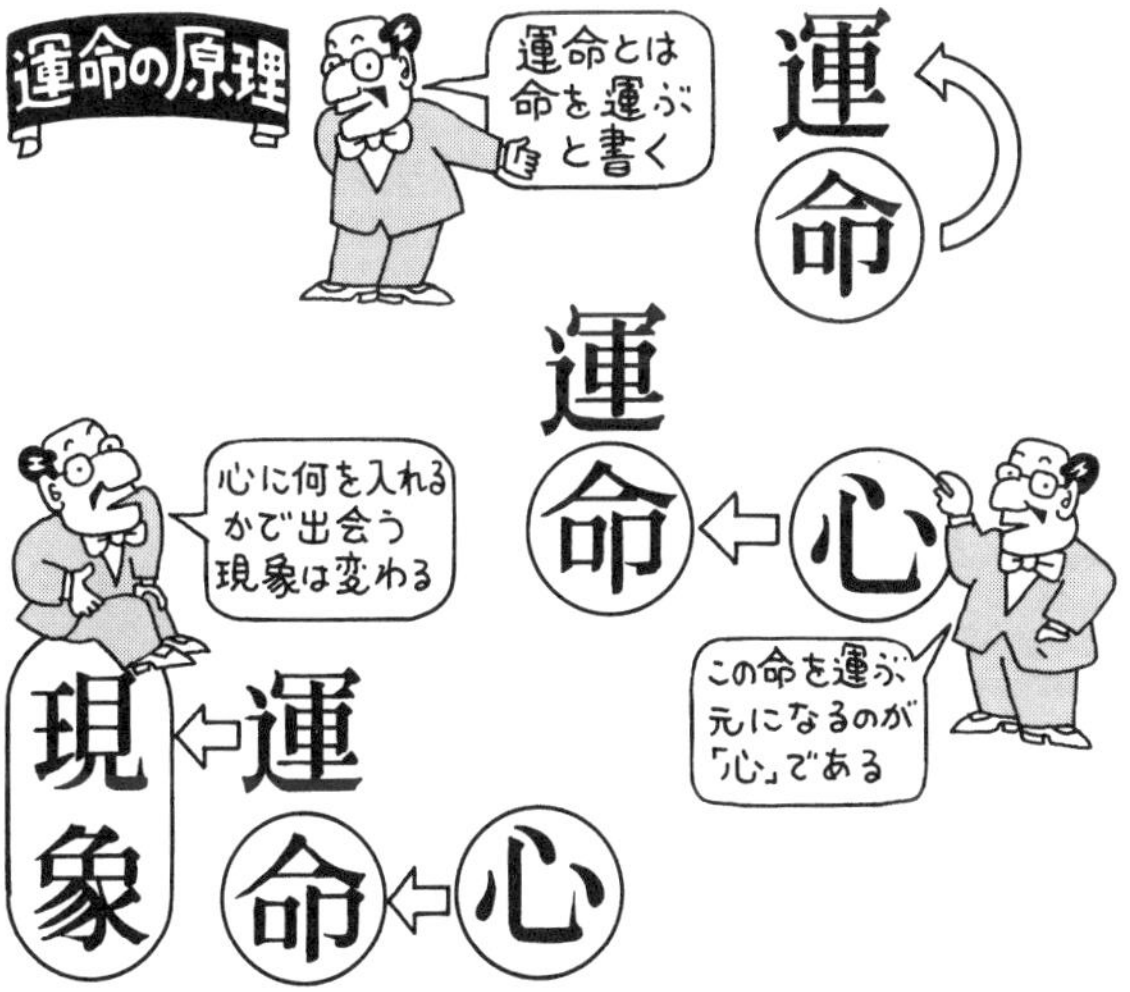
運命の原理
運命とは命を運ぶと書く
運命
運命
心
心に何を入れるかで出会う現象は変わる
この命を運ぶ元になるのが「心」である
現象
運命
心

ょう。

「運命は変えられる」という考え方と「運命はすでに決まっていて変えられない」という考え方があります。どちらが正しいのか、じっさいのところよくわかりません。どちらも正しいといえば正しいし、どちらもまちがっているといえばまちがっているといえます。

問題は「どちらが正しいか」ではなく、自分は「どちらの考え方を選ぶか」なのだと思います。

私は、「運命は変えられる」と考えるようにしています。

運命は「命を運ぶ」と書きます。自分のこの生命を運んだところに起こる現象を、「運命」と呼ぶのです。

その「命」を運ぶ元になるのが「心」です。その「心」に何を入れるか、何が入っているかで、命の運び方、つまり「運命」が変わっていくのです。

簡単にいえば、マイナス思考の多い人は命の運び方もマイナス方向に傾きがちで、結果的に、マイナス現象に出会いがちになります。逆に、プラス思考の多い人は命の運び方もプラス方面になることが多く、プラスの現象に出会う確率が高くなるのです。

もちろん、現実は一〇〇パーセントこの法則にあてはまるわけではありませんが、傾向としてそうなっていくのは事実です。

この原理は、さらに進めていくと、こうなります。

心の中があいまいであれば、命の運び方もあいまいとなり、出会う現象もあいまいになっていきます。心の中に具体的なものをもっていれば、命の運び方も具体的となり、出会う現象も具体的な形となって現われるのです。

話を時間に戻すと、「隙間時間を見つけたら、その時間に自分が何をするかを具体的に考えておくことが大切ですよ」ということです。

逆に、具体的に何の勉強をするのかがわかっているのなら、すぐに隙間時間を見つけられるでしょう。あとは、それを実行すればいいだけです。ここに気づけば、あなたは確実に成果をあげることができると思います。

書道家で詩人の相田みつを氏の言葉をお借りすると、

「がんばらなくてもいいからさ
　具体的に動けよ」

ということです。

具体的に動けば、具体的な結果が現われるのです。

## サッと「ひと勉強」すますために

隙間時間を見つけるのに、「できれば二〇分間隔」と言ったのには、理由があります。

別項で述べたように集中力が続くのが二〇分ということもありますが、もうひとつ、二〇分あれば一つの仕事ができるからです。

たとえば、私はこの本の一ページ分の原稿を書くのに、約一五〜二〇分かかります。一〇分では書けません。一〇分だと時間が足りないのです。三〇分だと、調子がよいと二枚とちょっと書けますが、だいたい一枚と四分の三ぐらいになります。ちょうどキリがよいのが二〇分なのです。

私のこの例だけでなく、いろいろな人に聞いても、二〇分という時間は、ひと仕事やるのにジャストの長さのようです。

二〇分間は、「ひと勉強」するにも最適の長さだといえます。たとえばNHKの英語のラジオ講座は一五分です。一五分のラジオ講座を聞いたあと、五分のふり返り（思い出すこと）をすれば、文句なしの効率勉強法となります。

私たちは、隙間時間を探さなければ、なかなか勉強できない環境にあります。

一時間とか四〇分のまとまった時間はなかなか見つからないでしょう。五分、一〇分の隙間時間は、見つけることは容易ですが、まとまった勉強をするには難しいものがあります。

二〇分の時間は容易に見つけられ、かつ、一つの勉強（仕事）を完結することもでき、集中する時間としてもちょうどよい時間です。その二〇分単位を一日どのくらい持っているか。それに応じて、勉強の分量を決めてみてください。勉強の進み方がガラリと変わると思います。

# 時間を「ずらして」密度を高める発想

## 安易な夜型シフトは考えもの

数学の教師をやっている知人がいます。その人は私の速読教室の受講生でした。速読はジョギングと同じですから、できれば毎日練習したほうがいいのです。しかし彼は、「夜は仕事に追われて不規則になるので、毎日必ずできるとは限らない」と言います。では、時間をどこにつくったかというと、朝六時に起床して、速読の練習を三〇分間したのでした。

放送局の部長をしている知人がいます。彼も私の速読の受講生ですが、四十代に入って自分の将来を考え、資格試験にチャレンジしました。彼もまた「確実に自分の時間がとれるのは、朝しかない」と言い、勉強する時間は朝の五時〜六時半というのです。今では社労士（社会保険労務士）、宅建（宅地建物取引主任者）、行政書士、中小企業診断士の資格をもっています。余談ですが、そういう資格をとるにしたがって、彼の地位もあがっていったようです。以前は上司だった人が、今では自分の下で働いているといいますから、人生とはわからないものです。

彼らにとっては、究極の隙間時間が「朝」だったのかもしれません。

ちなみに、この二人に共通するのは、「気にかかることは先にやる」ことです。「あとでやろう」では、いつやれるかわかりません。「まず先にやる」ほうが、あとが楽、あとが安心というわけです。

競争社会で勝ち抜くには、これが基本となるようです。

## 「重要なことは朝やる」時間差行動の効果

人にはそれぞれの生活リズムがありますから、いちように語ることはできませんが、標準的な生活リズムをあげるなら、朝九時～夕方五時ごろが仕事の時間となります。

この標準的なリズムから少しずらした行動を「時間差行動」といいます。たとえば、会社着を朝八時から七時半に変える、毎日夜一〇時就寝なら一一時就寝にする、というようなことです。

生活がひどく不規則な人は、時間差行動によって時間を生み出すことは困難ですが、ふつうの生活リズムをもった人なら、時間差行動はかなり有効です。別項で一日の行動のチェックをした時に、「あ、朝が空いている」と朝の時間に注目した人が必ずいたはずです。

時間差行動の「朝勉」（朝の勉強）で成功した人の例をもう一人あげましょう。

Cさんは三〇代半ばで、英語の達人になろうと思い立ちました。目をつけたのがラジオ講座です。「今さら中学英語かぁ」と思いつつも、中学英語を修得できれば日常会話は十分できると信じて朝六時前に起床し、ラジオ講座を聴き、かつ録音し、昼間の隙間時間にそのテープを聴いて、その日の分はその日にうちに丸暗記――これを欠かさず続けました。三か月もすると、苦手だったヒアリングが嘘のように楽になり、少し英語で考え、英語で独り言を言うようになった自分に気づいて、自信がジワジワ出てきたと言います。

その後、彼は台湾に渡り、もう五年になります。英語がペラペラになったのはもちろん、事業も成功して、結構いい生活をしているとか。やはり、成功する人は、人の見えないところで、やることをやっているんですね。

ある人から「一日の仕事は朝のうちにやる」と聞いたこともあります。仕事は一日かけてやるものです。なぜ朝のうちにやれるのでしょう。

結論からいえば、「気にかかることは朝のうちにやる」ということです。全部の仕事を朝のうちにやるのではありません。「気になることは先にやる」の「先」を「朝」に言い換えたわけです。

けれど、その人は、これをするだけで、時間があまるようになったと言います。「気になること」は優先順位の高いことを意味します。それさえ片づければ、残るのは簡単にできる仕事、緊急度や重要性の低い仕事ばかり。ゆとりをもって片づけられるのです。

「朝のうちにやる」ためには、前日の夜がポイントになります。前夜のうちに、「明日やること」を手帳に書き出し、優先順位をつけることです。そうして、翌朝会社でまずその手帳を開き、「よし、今日はこれからやる」と、その優先順位ごとに実行していけばよいのです。

## 「時間の前倒し」の二大ポイント

勉強を高速化する方法の一つに「前倒し法」があります。

前倒し法とは、これからやろうと計画している勉強を、今のうちにやってしまう勉強法です。この勉強法を成功させるためには、二つのことがポイントになります。

ポイントの一つめは、意識改革だけではなく、物理的な時間の余裕が必要となることです。

時間の余裕をつくるためには、仕事そのものの効率をあげる必要があります。そのために、仕事に優先順位をつけ、「朝のうちにやる」わけです。

仕事と勉強を両立させるといっても、どうしても仕事のほうが優先されます。仕事がうまくいかなければ勉強も進まなくなるのがふつうです。中には仕事と勉強をスパッと割り切れる人もいるでしょうが、一般的には、勉強は仕事に引きずりこまれやすいのです。ですから、まずは仕事の効率をはかろうという視点が重要になります。

ポイントの二つめは、とにかく前進することです。

前倒し法は、要は来週勉強するところを今日やってしまおう、半年、一年先にやる勉強を今のうちからやっておこうということですから、時間の余裕がなくても、がむしゃらにやれば不可能ではありません。

しかし、そのように「結果の先どり」をするためには、一年間かかる勉強に、じっさいに一年間をかけてはダメです。一年間かかる勉強を、半年とか三か月、一か月で勉強することが求められます。では、そのためにはどうするか――わかってもわからなくてもどんどん先へ先へとテキストを読み進んでいくこと、これにつきます。

わからないことをわからないまま進むことをおそれず、ぜひ「前倒し法」を実践してみてください。勉強の質は確実にあがります。

## わからなくても先に進むことの大切さ

もちろん、問題が出た時、その問題が解決するまで先へ進まないという考え方もあります、一つ一つを納得させて前へ進むという観点です。

「数学オリンピック」に出場したある中学生の姿を追ったテレビ番組がありました。世界中から選ばれた中学生や高校生と数学力を競うその中学生の成績はさぞいいだろうと誰もが想像するでしょう。ところが、そうではありませんでした。学校の成績は、五段階評価で二だったたと思います。

その中学生にとってみれば、成績はどうでもいいのです。一つの問題をとことん考えることに意義があるのです。たとえば、「一＋一が二になるのはなぜか」といったあたり前のことを考えるのを、私たちはムダだと考えますが、数学オリンピックに出るような人はそうではないのです。

こういう人たちからすれば、わからなくても前進する「前倒し的勉強」はナンセンスでしょう。しかし、私たちはそうも言っておれません。

数学オリンピックに出るような人は、一つの問題にひっかかっても、それをやり通して次に進む「推進力」をもっています。納得いく答えを出すことに喜びを感じるわけですから、そこで立ち止まらないのです。

ところが私たちは、一つの問題にひっかかるとそこで止まり、先に進めなくなりがちです。その結果、継続的な勉強ができなくなることが応々にしてあります。ですから、「わかってもわからなくても先へ進めていく」ことが大切なのです。

先へ先へと進むと、おもしろいことがわかってきます。その時わからなくても、先へ進むと自然にわかるようになることが、案外多いのです。

わからない不安にとらわれず、不安な部分を大事にとっておいてください。勉強を進めていくと、「そうか、こうだったのか」とわかる日がきます。その時、わからなかった部分は印象深く、頭の中に強く記憶が残りますから、高速学習に有効なのです。

# 整理に時間を使うと時間は長く使える

## 記憶術は整理術

私が、テレビ朝日の人気番組だった「不思議どっと　これマジ!?」に「記憶の達人」として出演した時に与えられた課題は、レストランで三〇人のお客さんが一人三品ずつ注文するメニュー計九〇品目を、全部その場でおぼえるという困難なものでした。

結果は、みごとなほどパーフェクトでした。

しかしそれは、「三〇人三品」という条件があったからこそできたことです。もし、ある人は三品、別な人は一〇品、また別の人は八品……というように、一人何品注文してもよかったら、私は完璧におぼえることはできなかったでしょう。いや、頭の中のコンピューターがパニックを起こしていたかもしれません。

このことからいえるのは、

「整理されたものはおぼえられる」

「雑然としたものはおぼえにくいか、おぼえるのに時間がかかるか、おぼえられない」

ということです。

それゆえに、私はあちらこちらで「記憶術は整理術」と申しあげているのです。

効率的に記憶するには、頭の中に記憶するための「引き出し」「保存用ファイル」をあらかじめつくっておき、その中におぼえようとするものを入れて「保存して」いけばよいのです。私は「記憶の達人」といわれますが、そんなことはありません。記憶するための「引き出し」さえもっていれば、誰でも超人的な記憶ができるのです。

それが記憶のコツなのです。

そこで、より大量に、より正確に、より速く、より長期に記憶しておくには、「どう記憶するか」というより、「どう整理するか」が大切になるわけです。

整理をしないで、やみくもに丸暗記しようとすると、おぼえるのに時間がかかるばかりか、最終的にはイヤになって投げ出してしまうことがあります。記憶のポイントは整理なのです。整理がうまくいけば、記憶力は全然ちがってきます。

通信講座の受講生や、セミナー、教室に通ってくる方たちの中で、記憶がうまくできない人の多くは、まずこの整理がへたであるといっても過言ではありません。ですから、「記憶する前に整理に時間をかけること」を強調しておきたいと思います。

## 文字を記号化せよ

人間は、パッと文字を見た時、最高七文字までは読みとることができます。その速さは、〇・二秒～〇・三秒です。このことから、一分間で最大二一〇〇字の速読が可能となります。この「分速二一〇〇字」は、私の速読教室の目標でもあります。そして、ちゃんと練習をしていけば、誰でも到達できるのです。

ところが文字ではなく、「?·」とか「!」「〒」のような記号になると、どうでしょう。人間はなんと最速〇・〇〇八秒で読みとり可能になるのです。つまり、文字を記号を見るかのように読めるなら、一分間で最大五万二五〇〇文字の速読ができるという驚異的な計算になるわけです。

これは、情報を文字ではなく記号にすれば、頭に入ってくるスピードは二〇倍以上になるということを意味しています。

つまり、「整理をする」には「記号化」が大切ということです。

もっと具体的にいうなら、文章情報も、できるだけ図や表に整理したらよいということです。

たとえば、「次の文章を正確に五分間で記憶せよ」と言われたら、みなさんはどうやっておぼえますか？

「塩のとりすぎは体に悪いといわれています。厚生省の栄養調査によると、日本人の塩分の摂取量は一日一〇gを目標にずっと減り続けてきましたが、昨年は一二・二gとまた増加傾向にあります。WHO（世界保健機関）が理想とする一日の塩分摂取量は五〜六gですから、日本人はその二倍のもの塩分をとっていることになります」（NHK『きょうの健康』

家森幸男氏の記事より）

私の受講生の中に現実に五分間でおぼえた人が何人もいますので「五分間」としましたが、みなさんは一〇分間でも結構です。一言一句正確におぼえてみてください。文章でおぼえようとすれば、かなり難しいと思います。

正確におぼえるカギは、文章の記号化です。紙とペンを持って、この文章（情報）を、図や表で書き表わしてみましょう。文字はできるだけ少なくしてください。図や表に整理したあと、その図や表を見ながら文章を読み、文章を見ながら図を見ることを交互にやっていきます。これで、どんな人でも五分間で完璧におぼえることができます。これを私は「お見合い法記憶術」と呼んでいます。

## バインダーを「紙の脳」にする私の方法

記憶術の受講生の中に、こう言う人がいました。「私は、効率よくおぼえるために、道具はできるだけシンプルにするよう心がけていた」と。

具体的には、大学ノートは使わず、一六穴のバインダー式ノートと鉛筆だけで、すべてをまかなうのです。

表面には数学の文章問題を1問書いておく
裏面にはその解答が記されている
表面
【問題】
裏面
【解答】
【解答】
このバインダーにためていく

バインダーのリフィルの表面に、たとえば数学の文章題を書き、裏面にはその解答式を書きます。ポイントは、リフィル一枚につき問題一問にすることです。問題と解答式は中央に書き、まわりに空白を残しておきます。こうしたリフィルを、バインダーに貯めていくのです。

勉強は次のように進めます。

表面の問題を見ては、解答式はどうだったかを思い出します。問題が解けない時は解かなくてもかまいません。解けない理由などを空白の欄にちょっとメモしておけばいいのです。こうして、たとえば一日に一〇～二〇問を解いていきます。

翌日は、逆に裏面の解答式を読んでは、

表面の文章題を思い出す練習をしていきます。裏面の解答式を読めば、問題文がどういうものかを思い出せるはずです。もちろん、まちがってもかまいません。

これを交互に、何度か、日を改めてやっていくと、その文章題は完璧に頭に入ります。解答式はもちろん忘れるわけがありません。当然、類似問題なら、初めて見るものでも難しいものでも、導き方はマスターしているのですから、スラスラ解けていきます。こうして数学に強くなるのです。

ある程度リフィルの量がふえたら、新しい問題のリフィルを加える一方で、おぼえたリフィルは捨てていき、いつも同じ分量の数学の問題と解答がバインダーの中に入っているようにするとよいでしょう。

ポイントは、すべてを一冊のバインダーの中に納める（整理しておく）ということです。そのほうが楽だし、勉強の効率がよいし、頭の中に入りやすいからです。これも、一つのモノの整理のし方だといえましょう。

バインダーのかわりにパソコンをうまく使えば、もっと便利かもしれません。工夫してみてください。

3章

——速度を上げると理解度が下がりがちな人へ

# 「頭にすぐ入る」状態をつくる

# 勉強計画は時間より理解度で立てよ

## まず自分を知ることが成功へのステップ

「成功するにはどうしたらいいと思いますか」と教室で質問することがよくあります。

「努力すること」

「目標や計画を立てること」

「運が大事」

「成功した自分のイメージを描くこと」

「何といっても継続」

など、さまざまな答えが返ってきます。全部、正解です。しかし、一つだけ抜けていることがあります。それは、

「自分の現在の位置を知ること」

です。

「自分の現在の位置」とは、自分の置かれている状況、状態をさします。試験でいえば、合格するには今の成績がわかっていなければいけないということです。「なぜ、この成績なのか」「何が悪くて、何がよいのか」「何が得意なのか、何が不得意なのか」という現在位置が見えていないと、目標はおろか計画も立てられません。

たとえば、仕事で英語力が必要な人がいます。英語力とは何かが漠然としていて、とにかく会話力が必要だろうと、英会話教室に通いました。お金と時間と努力を注ぎ、外国人と話す抵抗感が少し薄らいだ気がします。でも、かけた金、時間、努力のわりには成果はあがっていない気がします。

こういう悲しい経験を、大なり小なり誰でもしているのではないでしょうか。これは、現在の自分の位置を知らないままやみくもにスタートしたからです。まずは、正しい現状認識をすることから始めなければなりません。

たとえば、英語力であれば、力がないのは、

「語彙《ごい》力が不足しているから」

「ヒアリングに弱いから」

「読解力がないから」
「…………………から」
「…………………から」

と自己分析していくことです。

さらに、たとえば「語彙力の不足」なら、今の自分の語彙力の程度は、中学レベルなのか、高校レベルなのか、あるいはTOEICで目標得点をとるにはどの程度の語彙力が必要なのか、などの認識をしましょう。それなくして進めば、羅針盤のない船やレーダーのない飛行機のようなもので、どこへ行くかわからなくなってしまいます。

## 「動機」が成功を引き寄せる

正しく自分の現状を認識し、現在の自分の位置が見えてから、初めて「目標設定」の段階に入ります。

たとえば、英語の語彙力が現在一〇〇〇語程度だとすると、「中学レベルか？」ということになります。「では中学レベルのテキストをまず読んでみようか」「中学校の教科書を再読しようか」といった目標設定ができます。

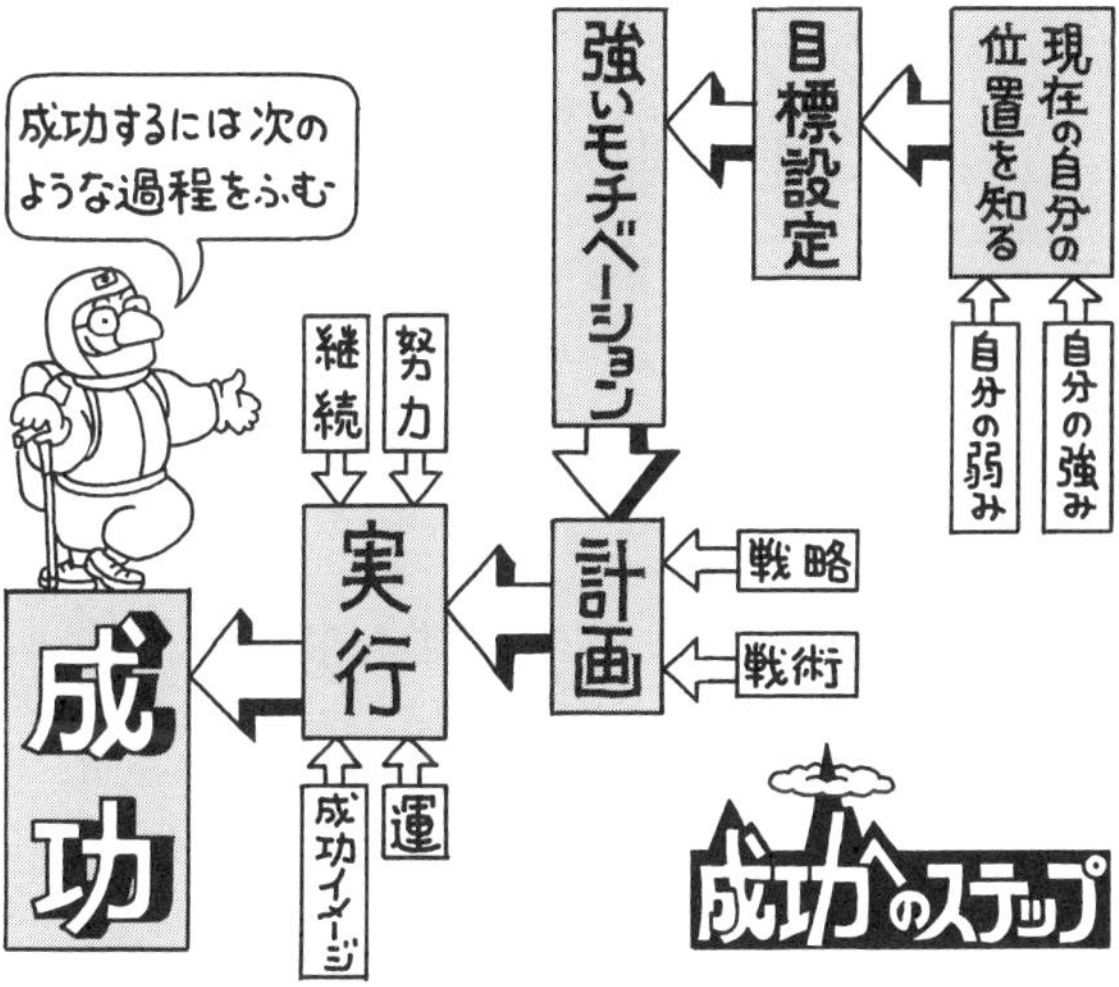


さらに、ヒアリングはどうか、文法はどうか、と考えていきましょう。「いま文法をやったほうがいい」「文法よりもヒアリングを優先しよう」「文法とヒアリングの同時勉強がいい」などとプランの選択肢が広がります。

そこからひるがえって、「自分の現状を再確認しよう。英会話スクールで面談して力をはかろうか。いきなりＴＯＥＩＣに挑戦して実力を知ってみるか」などと考える人もいるでしょう。

そういうことを、計画を立てる前にじっくり考えることが大切です。それから勉強を始めても、いっこうに遅くはないのです。

このように、自己認識→目標設定という正しい流れに乗ることができたら、しめたものです。その時にはすでに強い動機づけができているからです。

数多くの成功哲学書を著しているアメリカのポール・J・マイヤー氏は、「成功とは、自分にとって価値ある目標を、段階を追って達成すること」と言っています。

そこでキーとなるのが、この「動機づけ」です。

「会社で海外部門に配属された」とか「就職希望先では英語が必須」というような強烈な動機づけがある人ほど、ものごとを成就させる確率（可能性）がグーンと高くなります。第1章で、「あなたは何のために勉強するのか」といった質問を何度もしたのは、ここに狙いがあったのです。

ただ、せっかくの動機づけも、目標が漫然としていては、成功に効率よくリンクしてくれません。目標は具体的なほうがよいのです。そして、第2章で述べたように、「目標設定」と同時に「時間の設定」もしたほうが、力はさらにパワーアップします。

目標は、次のことに注意しながら、メモ用紙などにランダムに書いていって設定します。その数はいくつになってもかまいません。書きなぐることです。「よーし、やるぞ」という気持ちがみるみる強くなることを実感するでしょう。

①具体的に書く
②思っていることを、できる、できないにかかわらず書く
③それぞれ「○年○月までに達成したい」「△年△月までに達成したい」と書く

## 得意分野を先にするか、あとにするか

では、計画の立て方です。

目標設定する時は、「時間の設定」も同時にすることが肝要でした。しかし、計画策定の時は、時間よりも、自分の「理解度」がどの程度なのかをまず見て、優先順位を決めることがポイントになってきます。

優先の方法は二通りあります。理解度が不十分なものを優先してやるか、理解度が十分なものを優先してやるかです。

どちらの方法を選ぶかの方法はただ一つです。自分がプラス思考をするタイプか、マイナス思考をするタイプかで決めます。

マイナス思考の強いタイプの人は、得意な分野、理解度が十分なものを優先して計画を立てましょう。得意分野を先にやることで、「できる！」という自己イメージができ

るからです。「できる」という自己イメージが勉強を勢いづけ、不得意分野の克服を容易にします。得意分野をさらに伸ばすことで、不得意分野も攻略していこうという狙いです。得意：不得意の割合は、六：四、もしくは七：三で勉強していくのがよいでしょう。

プラス思考の強い人は、逆に、不得意な分野、理解度が不十分なものを優先して計画を立ててください。困難なことがあっても、「自分はこれを攻略できる」とか「難しいところがおもしろい」とプラスに考えられ、やる気をかき立てるタイプだからです。得意：不得意の割合は、四：六、もしくは三：七で勉強を進めていくのが適当です。

## 計画を変えることのよしあし

人によっては、「得意、不得意よりも、好き、嫌いがはっきりしている」という場合があります。この場合は、マイナス思考の人は「好き」を優先させ、プラス思考の人は「嫌い」を優先させて計画を立てます。

「得意、不得意もなければ、好き、嫌いもない。なぜなら、まだ理解度がゼロだからだ」という人もいるでしょう。その場合は、教科書のテキストの目次をベースに、時間設定を優先して計画を立ててください。たとえば「第1章は○月○日までに攻略する」「第2章は△月△日まで」というようにします。

計画を立てる時に、もう一つ重要なポイントがあります。計画を立てたら最後までやり通すのが原則だということです。

計画を最後までやり遂げて現状認識が変われば、計画の練り直しをしても、もちろんかまいません。しかし、最初につくった計画は、途中でつくり直したい欲求にかられても、よっぽどでない限り、変更してはいけません。現状認識のズレが生じてしまうからです。

途中で変更する可能性があると最初からわかっているようでしたら、計画の期間を短かめに設定することをおすすめします。すなわち、たとえば一年間の大まかな計画は立てておいて、その中で、三か月単位とか一か月単位の短期間計画を策定しておきます。変更したい時は、この短期間計画を変えます。そうすれば、途中変更をしても、現状認識のズレはそう大きくはなりません。がんばってください。

# 脳の「ネット」をつねに広げておけ

## 天才をつくるのは知能より好奇心

脳はよくコンピューターにたとえられます。ずいぶん以前、人間の脳をコンピューターにしたら、その大きさは巨大ビル三階分になるといわれた時期がありました。今はもっともっと小さいでしょう。コンピューターじたいの性能アップもさることながら、インターネットが急速に発達しました。

脳も、インターネットと同じく、無数のネットワーク（連絡網）で結ばれ、外からの刺激（情報）によって情報伝達がなされ、考えたり、想像したりすることができるようになっています。

頭がよいということは、脳の神経細胞間の情報伝達が速く、かつそのネットワークがよく整備されているということです。「天才」といわれる人も同様です。

世界の天才といえば、アインシュタイン、ガリレオ、ニュートンなどが想起されますが、さて、彼らはものすごい知能指数（ＩＱ）の持ち主だったのでしょうか。ＩＱの平均は九〇～一一〇です。アインシュタインは一七〇以上。これは納得ができます。しかし、ニュートンは意外や一二五だったと聞きます。私でさえ、中学一年生の時は一三六でした（今は九〇）。

なぜ、ＩＱ一二五のニュートンが世界史に残る大天才となり、ＩＱ一三六だった私は無名の凡人になったのでしょうか。

答えは簡単です。頭の使い方なのです。

ガリレオは教会のシャンデリアが揺れるのを見て、「なぜ？」と疑問をもって、振子の等時性の法則発見に至りました。ニュートンはリンゴが落ちるのを見て「なぜ？」と考えつめ、重力を発見したのです。私などは、シャンデリアが揺れているのを見れば、「すわ、地震か」と逃げ出すでしょうし、リンゴが落ちるのを見ても、「物は高い所から低い所に落ちるのがあたり前。下から上にあがったら、そりゃアホだよ」なんて思ったでしょう。天才と凡人を分かつのは、ＩＱではなく、着眼点や好奇心ではないかと思います。凡人は、好奇心が平凡であり、着眼点が平凡なのです。

では、好奇心や着眼点が平凡なのは、なぜでしょうか。脳のネットワークが狭いのです。脳の連絡網が貧困だから、斬新な発想が出てこないのです。

ならば、「では脳内ネットワークを増やせばいい」ということになります。たとえば、ごくあたり前のことでも疑問を持ってみる、考えてみる、想像してみる、ということを習慣にすれば、それが脳を刺激する、鍛えることになるのではないでしょうか。

## 頭は何かをあきらめるごとに固くなる

頭脳のネットワークを増やすトレーニングは、一〇〇人いれば一〇〇通りのやり方があると思ってください。言い換えれば、身近にあるものを何でもトレーニングの対象にするとよいということです。たとえば、今、目の前にあるものに興味をもち、疑問をもち、発想を広げてみてください。

今、私の目の前にあるのは、湯のみ茶わんです。この物体は、お茶をいれるから湯のみ茶わんになりますが、鉛筆を入れれば鉛筆立てになります。そのように発想を広げてみてください。次の設問に、最低三〇以上の発想ができればまずまずです。

①湯のみ茶わん

③ペットボトル
④たばこの煙
⑤名刺
⑥おばけ

「三〇個なんて無理だよ」とあきらめた瞬間、脳のネットワークは止まります。苦しくても発想を出すことで、脳は鍛えられます。頭は年齢とともに固くなるのではありません。何かをあきらめるごとに固くなっていくのです。

勉強も、好奇心をもって勉強するのとしないのとでは、大差が出てきます。

たとえば新聞なども、好奇心をもとに読んでいくと、情報収集の効率化がちがいます。昔よく、「新聞の一分間速読」という練習をしていました。新聞を一分間で読むのは無理ですが、要するに、大見出しだけを拾い読みするのです。新聞は結論が先に出て、次に要約、そして本文という流れで構成されています。「起承転結」の逆なのです。見出しだけで必要な情報の半分は収集でき、前文の要約で八割方は収集できます。そこに好奇心が加われば、さらに速く読めるというものです。さらに、「この記事は何だ」と疑問をもち、「こんな内容だろう」と想像をすることで、理解が深まっていきます。

## 「頭が受けつけない分野」をなくそう



### 「イメージ」が苦手をつくる

昔、教室で「一〇個のカタカナ語を一〇分間でおぼえてください」という課題を出したら、五〇歳前の男性だけが一つも記憶できませんでした。驚いて理由を聞くと、「小さい時から剣道をやっていて、日本男児たるものはカタカナ語など必要ない、という環境で育ってきた。今でもカタカナ語を見ると『あ、ダメだ』と受けつけない」と言うのです。一度できあがった自己イメージは、よくも悪くもなかなか消せないものだと思ったものです。

自己イメージは、人それぞれみなもっています。「私は英語はダメ」「数学は大の苦手」「暗記科目は苦手」といったイメージもあれば、「英語が大好き」「数学ならまかせてよ」「暗記だけがとりえ」といったイメージもあります。よいイメージをもつと、「好きこそ

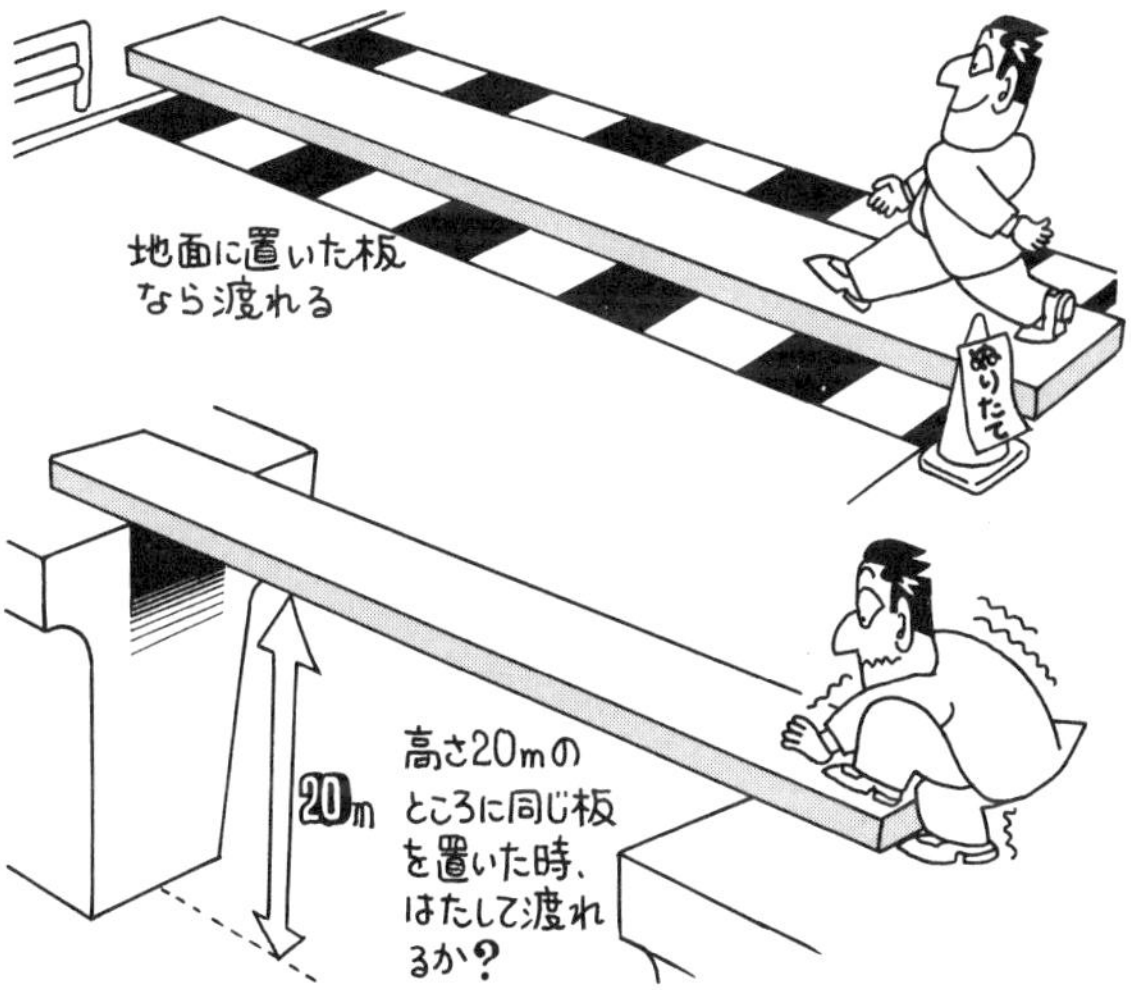
地面に置いた板
なら渡れる
ぬりたて
20m
高さ20mの
ところに同じ板
を置いた時、
はたして渡れ
るか？

物のじょうずなれ」というように、どんどん伸びますが、苦手イメージをもっとなかなか伸びません。

苦手を克服するには、苦手イメージを変えなければいけないのです。どうしたら変えていけるのでしょうか。

「厚さ一〇センチ、幅三〇センチ、長さ一〇メートルの板を地面に置いて、その上を歩いて渡れと言われれば、誰でも渡れます。しかし、同じ板を高さ二〇メートルの所においたらどうでしょう。ほとんどの人が渡れないと思います。渡る前に、必ずといっていいほど、その板から落ちるイメージを描いているからです」

(『自己暗示』C・Hブルックス／E・クー

エ著　河野徹訳　法政大学出版局）。

理性では「だいじょうぶ、渡れる」と思っていても、感情は「恐い」「落ちそう」「落ちる」と思い、その落ちるイメージをしっかり描いているのです。理性とイメージが争えば、イメージのほうが勝ちます。

いったん苦手イメージをもつと、理性では「がまんしてやれば、わかるようになる」とわかっていても、やはりその分野、科目には手がつかなくなるのが人間なのです。

## 「しつつある」という暗示が脳にはすごく効く

自己暗示の大家であるエミール・クーエは、自己暗示法の暗示語を二つに分けています。「一般暗示」と「特殊暗示」です。私はこの一般暗示を「基本暗示」と言い換えていますが、彼は、

「毎日、あらゆる面で、私はますますよくなっていく」

という暗示語を口にするとよいと言っています。私もずいぶんこの言葉に救われたものです。たとえば、苦手イメージを中和し、やがて完全に克服するための基本暗示語は、次のようになります。

「私は日々に勉強がおもしろくなりつつある」
「私は日々にあらゆる科目を理解しつつある」
「私は日々に『苦手』が『得意』に、『難しい』が『おもしろい』に変化しつつある」
「私は日々にあらゆる科目を征服しつつあり、やがてそれを征服するであろう」
「～しつつある」という現在進行形を使っていることに、注目してください。

じっさいに勉強していると、やはり苦手なものは苦手だし、わからないものはわからない、イヤなものはイヤなのです。いくら「私は○○が得意である」と暗示しても、それはウソなのであり、暗示語の効き目はないのです。へたをすると努力逆転現象すら起こりかねません。

ところが、「～しつつある」という言葉は、イヤイヤながらでも、今まさに克服しつつある現在の自分の姿と一致します。ウソがないのです。

だから効果があるのです。

さらに「やがて～であろう」は、自分の未来に明るい期待をもたせる言葉なので、動機づけを強くし、達成力を増強させることにもなります。

「今はたしかにできないけど、やがて私はこれを克服して、栄冠を勝ちとるであろう」

と自己暗示することが、苦手克服の極意です。

これらの暗示語は、紙に書いて、机の前の壁に貼りつけるか、手帳に書いておくとよいです。そして、勉強にとりかかる前に口に出すと、驚くほど力が湧いてきます。

## 勉強もまず「形」から入れ

たとえば英語の苦手な人は、「英語の意味がわからない。だからおもしろくない、つまらない、やっても意味がない」と言います。「英語の勉強がイヤになる。だから勉強しない。勉強しないから、わからない。わからないからおもしろくない」といった負の循環を、どこかで断ち切る行動を起こさなければなりません。

どうしたらよいのでしょうか。

「感情を使わないで機械的にとり組み、それを継続すること」です。つまり、勉強するという「形」から入るのです。

外国語をマスターした人の不思議な共通体験として、「ある日突然意味がわかる時がくる」といいます。そして、そうなるには、「わからなくてもいいから続けること」だといいます。

英語が苦手な人は、「意味がわからないのにいくら英語を聞いていてもムダだ」と思いがちです。そう思えば、一分間だって聞いていられません。ポイントはそこです。「聞いてもムダだ」「わからないからダメ」というマイナス感情を無視することです。とくに、完全主義の人はこれを心がけてください。

「感情を使わない」というのは、「わからなくてもいいから」という意味です。「機械的に」というのは、「見る」「聞く」「読む」という行為を行なうことです。

英語でいえば、英字新聞を売店で買って、意味がわからなくても電車の中で読んでみようということです。さもわかったかのように英文を追ってみましょう。「英字紙を読んでいる」という優越感が、「わかりたい！」という起爆剤になります。さらに、それを続けることです。毎日、毎号買って読むことです。訳本なら原書を読み、ニュースもCNNを見ることです。

これが「形」から入るという意味です。

もちろん、これは英語に限りません。他の科目にも同じことがいえます。

苦手科目の克服は容易ではありません。しかし、以上の二点をベースに勉強していけば、だいたいこれで克服していけるはずです。

# 未知の領域にすんなり入るコツ

## 理解は「つかみ」から始まる

「コマはなぜ回るんだろう」と観察したことがあります。一つわかったことは「心棒が中心にあるからだ」ということでした。心棒が中心から少しでもズレてしたら、プロでも回せないでしょう。

このように、ものごとにはすべて「中心」があって回っているものです。

たとえば「人間関係の中心」は、「人は鏡」ということです。こちらの対応ひとつで他人は変わるということです。また、「営業の中心」は、「まめさ」です。まめに足を運び、まめに声をかけ、まめに手をかけるということです。「仕事の中心」は、「スピード」と「正確さ」です。

あらゆる分野で中心があり、その中心さえまず押さえておけば、まちがいはないと言い切れます。

では、勉強する上での「中心」は何でしょう。それは、「幹から攻めよ」なのです。幹とは、テキストでいうなら「目次」です。そこには、一冊の教科書の要点がすべて集約されています。まず、そこをしっかりと押さえておくことです。

さらに、今度は各章ごとに「幹」があります。各項目ごとにも「幹」があります。基本的に押さえておかなくてはならない要点がズレていると、ものごとの本質をつかむことができなくなります。

少し前、小中学生の学力が落ちたというニュースが話題になりました。こまかい点はおぼえていませんが、たとえば、次のような問題に答えられたのが、わずか三割だったといいます。

「昨年、全校生徒八〇〇人のうち図書館で本を借りた人が三二〇人で、借りなかった人が四八〇人でした。今年は全校生徒が七八〇人で、図書館で本を借りなかった人が三〇パーセントでした。本を借りなかった人は何人でしょう」

この問題の前半部分「昨年……四八〇人でした」までは、解答とは何ら関係がありません。この問題の幹は、後半の「今年七八〇人」と「借りなかった人三〇パーセント」

と「借りなかった人は何人か」です。ところが、多くの小中学生は、それを見きわめることができないのでした。

## つねに「ポイント」を意識せよ

これは小中学生だけの問題ではなく、私たちも同様なのです。

以前、ある企業でリストラ対象の人たちの研修を行なったことがあります。彼らに共通することが一つありました。「なぜ、自分がリストラの対象になったのか」がわかっていないことです。

彼らは一生懸命まじめに仕事をしてきました。にもかかわらずリストラの対象になったのは、会社はA方向に向かっているのに、それが理解できず、B方向、C方向に向かって働いていたのです。

勉強も同じです。

「ここでもっとも大切なところは何か」を、常に意識した勉強をしましょう。そのためには、次の四点に気持ちを集中することです。とくに、新しい分野の勉強をする時は、こうして「幹」から攻めることがとても大切です。

①問題（赤色）
問題提起をしているところはどこかをまず見つけること。
②解答（青色）
その問題に対する解答はどこにあるのかを見つけること。
③理由（ピンク色）
なぜ、そういう解答が出たのか、その理由はどこにあるのかを見つけること。
④例外（緑色）
例外はないのかを見つけること。

この四点を意識しながら勉強を進めていってください。マーカーペンで、（　）内に示したような色づけをすると、より整理され、高速学習ができます。

試験対策としては、とくに④の「例外」をしっかりと押さえてください。試験では、だいたいここがひっかけ問題として出るようですから。

# 勉強は楽にやるな、楽しくやれ



## 努力家ほど努力感がない理由

脳内麻薬といわれる物質があります。ドーパミンとかエンドルフィンなどがその代表です。私たちが快感を味わっている時は、この脳内麻薬が脳内に大量に出ているのだそうです。

余談になりますが、死の淵から生還した人たちの話を聞くと、そこはお花がいっぱいの見たこともない美しさで、天国にいるような心地よさだったといいます。これも、どうもエンドルフィンのしわざらしいのです。人間の体はよくできたもので、人生の最期には天国を見せてくれるようになっているのでしょう。仏教の「安心立命《あんじんりつめい》」という境地を、誰でも得られるようになっているのかもしれません。脳内にあるすべてのエンドルフィンが、全部その瞬間に放出され、それまでは苦しんでいても、死の瞬間は苦痛を感じないようにしてくれているのだと思います。

脳内麻薬をネズミに注射すると、ネズミは快感のあまりずっと運動し続けます。苦痛を感じないわけですから、できるわけです。

マラソンランナーが走り続けられるのも、走り始めて二〇分ぐらいで「ランナーズ・ハイ」という状態になるからです。これも脳内麻薬が出てきて、走ることに苦痛を感じなくなるどころか、むしろ走っているほうが快感になるのです。

借金してでもパチンコなどにのめりこむ「ギャンブル依存症」の人たちも、大当たりが出た瞬間に脳内麻薬が出てきた快感を忘れられないのでしょう。

このように、「楽しい」「うれしい」「おもしろい」といった感動、快感がともなうと、通常では苦痛を感じるような行為でも平気で続けることができます。他人からは「なぜ、あんなすごいことが達成できるんだろう」と思えることでも、本人は努力感もなくやることができるのです。

勉強も、通常では苦痛をともなう行為です。しかし、そこに「楽しさ」を加えれば、勉強は、やめられない快楽になります。

では、どうしたら勉強に「楽しさ」を加えることができるのでしょう。それは次の通りです。

## 「楽しい学び」の実現三原則

①小さな達成感をたくさん体験する

いちばん簡単な方法は、第2章で述べたように、一〇分、二〇分、三〇分といった短い時間内で、決めた課題を達成させることです。

たとえば英語嫌いな人が、テキスト一ページ分の英会話を一〇分間でおぼえる練習を続けていたら、いつのまにか英語が好きになっていたということがありました。小さな達成感をたくさん体験することが、「楽しさ」の条件づけをしていくことになります。

②自分をほめる

小さな課題を達成するたびに「自分はすばらしい！」とか「お前は天才だ！」とか、「自分には才能がある！」といったほめ言葉を自分自身にかけてやることが大切です。楽しさの条件づけは強化され、勉強がぐんぐんはかどっていきます。

③理解度を高める工夫をする

次のようにして、理解度を高めます。

・教科書にマンガやイラストを描き込んで視覚化する
・難しい言葉は自分なりにわかりやすい言葉で言い換える
・楽しむ手段を選ばない

たとえば、英単語を、接頭語からまとめておぼえる記憶術があります。

「re＝戻る、再び、くり返す」の意味から、

resent→語根「sent＝感じる」→何度も感じる→「怒り」の意

require→語根「quire＝求める」→くり返し求める→「要求する」の意

repel→語根「pel＝押す」→再び押す→「反撃する」の意

というようにするわけですが、この時、reが「戻る」「再び」「くり返す」の意であることとおぼえるのに、reを「ブルース・リー」に置き換えて、「ブルース・リーの映画が再び上映されて、彼が戻ってきた。そして、その映画はくり返し上映されている」というイメージをもつのです。さらに、そばに映画の簡単なイラストを描くと、楽しくおぼえられると思います。

さらに、英文を読むなら、品のない話で恐縮ですが、ポルノ小説の原書を読めば、読解力はグンと飛躍するでしょう。

経済や法律などでも、最近はコミック本のすぐれたものが出ていますので、マンガを通して基礎知識を吸収しておくとよいでしょう。そうして専門書に入っていけば、非常にラクに理解ができるようになります。

4章

——記憶は努力よりコツで増強する

# 覚える努力を最小にしよう

# 「覚えようとしない覚え方」を覚えよう

## 「負荷」は記憶の栄養剤

税理士試験を受けるために専門学校に通っている人が、私のところに相談に来ました。学校から渡された問題と解答の本をまる一冊、全部おぼえなければ合格できないと言うのです。

一三〇ページばかりのその本の目次を見て驚きました。たんに専門用語を解説したテキストではありません。約六〇項目が、すべて試験に出る問題らしいのです。一問につき、解答が見開き二ページにビッシリ書いてあります。その一字一句を正確におぼえなければならないと言うのです。「エーッ、全部ですか」と聞くと、あっさり「ハイ」の返事です。

これは大変だ。しかし、やらなければならない。学校は「次回までに〇ページまでおぼえてくること」と言うだけで、おぼえ方までは教えてくれない。どうしたらいいのでしょうか、ということで私を訪ねて来たのでした。

結論からいうと、「基礎結合法」という記憶術を使えば、これをおぼえるのも不可能ではありません。その詳しい方法については、拙著『記憶力30秒増強術』（成美文庫）をご参照ください。

しかし、記憶術をもちいても、一三〇ページの分量となると、やはり大変です。記憶術によって、やみくもな丸暗記よりもずっと簡単かつ高速、正確な記憶ができますが、問題は本人のやる気です。量に圧倒されて気力が萎えてしまえば、どんな記憶術も役に立ちません。

記憶には、時間と体力だけではなく、相当な精神エネルギーが必要なのです。

テレビ朝日の「不思議どっと　これマジ!?」やTBSの「どうぶつ奇想天外」で私が披露した記憶力は、超人的だったと人に言われます。たぶん涼しい顔でおぼえているように見えたのでしょう。しかし、じつは相当の精神エネルギーを使っていました。テレビ放送という重圧。失敗は許されないという責任。その道のプロである私でも、もうあのプレッシャーはイヤだと思います。

みなさんも同じにちがいありません。暗記科目が不得意な人はもちろん、得意な人でも、ものをおぼえるには、大きな精神エネルギーを使うものなのです。つまり、やる気を起こし、維持するのも記憶術の一つといえるのです。

## 「無意識の記憶」を意識的に増やせ

「門前の小僧、習わぬ経を読む」といいます。小僧さんは、別にお経を勉強しておぼえようとしなくても、毎日、聞くとはなしに聞き流しているうちに、自然と耳に残り、いつの間にか難しいお経を読むようになるのです。

その好例がテレビCMのキャッチコピーでしょう。「ファイト一発！」とか「元気ハツラツ」とか、おぼえようとする人は誰もいないのに、誰もがおぼえています。

使うエネルギーを最小限にして、おぼえる方法が、これです。「おぼえようとしないおぼえ方」、すなわち、門前の小僧さん方式です。

先日、私の考えていることとぴったり一致した一文を、『ビッグ・ファット・キャットの世界一簡単な英語の本』（向山淳子＋向山貴彦著、幻冬舎刊）という本で見つけ、感銘を受けました。著者は、英語習得のポイントを次のように言っています。

観自在菩薩行深般若波羅蜜多時照見五蘊皆空度一切苦厄舎利子色不異空空不異色色即是空空即是色受想行識亦復如是舎利子是諸法空相不生不滅不垢不浄不増不減是故空中無色無受想行識無眼耳鼻舌身意無色声香味触法無眼界乃至無意識
おぼえようとしないおぼえ方

「英語を学ぶということは、英語を読むということであり、それを蓄積することである。読み続けていれば、フレーズや言い回しや無数の単語は自然に記憶していく。こうして、『無意識の記憶』を増やし続けて吸収した結果、吸収したものが多くなりすぎて、『溢れ出る』状態になるのが、英語を使うということなのだ」と。

　そして例として、毎日あるメロディを聴いていると、ある日ふとその曲が自然に口から出ることをあげ、英語も同じだと言います。無理しておぼえようとしなくても、あふれるほど英語を読んでいけば、ある日ふと英語が口から出てくる、わかる時がある、と。

とくに英語、法律の条文、学生でいえば漢文や古文などをおぼえる時は、この「おぼえようとしないおぼえ方」が有効です。これこそが、精神エネルギーを最小にして、最大の記憶効果を出すおぼえ方といえます。

具体的には、こうです。

①声を出して、スラスラつっかえることなく読める状態にする

そのためには、少なくとも一〇〜二〇回はくり返したほうがよいでしょう。

おもしろいもので、英文でも法律の条文でも、黙読だと結構スラスラ読めるのですが、声を出すととたんにつっかえやすくなります。ここで嫌気がさしたところに、「おぼえなくちゃ！」と自分にプレッシャーを与えるから、ついには、「やーめた」と投げ出すことになるのです。

それなら、最初から「おぼえよう」としないで、目的を「とにかくスラスラ読めればいい」と一つに絞り、機械的な作業だけに集中すればいいわけです。心の負担が少なくなり、逆に頭の中へ入りやすくなります。「無意識の記憶」ができるようになるのです。

②おぼえるなら、スラスラ読めるようになってから

「スラスラ読み」のコツは、機械的にやることです。感情移入をしないで、とにかく、回数だけこなすことです。ところが、欲の深い人は、それができません。「どうせやるなら、おぼえよう」と欲が出るのを抑え、読むことに集中してください。

## 解法より「解答」を覚えよ

勉強には、大別すると、「結果を求める勉強」と、「過程を求める勉強」の二つがあるように思います。

「結果を求める勉強」は、知識のみを要求される勉強です。経験や考える力、技術はさほど必要なく、ペーパーの合格点をとればよしとします。試験にやさしいものはありませんが、比較的勉強がラクだといえるでしょう。

「過程を求める勉強」は、知識のみを求めるのではなく、経験や考える力、技術を必要とするものです。試験でいえばペーパーだけでなく、実技試験があります。基礎からの過程をふまなければ修得できませんから、前者に比べて難しい勉強となります。

「結果勉強」は「社会科」で、「過程勉強」は「数学」だと思ってください。社会の試験は教科書の内容を暗記すれば合格ですが、数学の場合は、解答を求める「解法」を理解する必要があるからです。

しかし、いずれにしても試験で高得点を得るには、質より量で、数多くの問題を解くに限ります。これは、両者の勉強に共通します。数学も量をこなせば、解法パターンそのものを記憶していくことになります。

量の勉強は、とくに学生には有効な勉強法です。しかし、社会人は十分な時間があるわけではありません。要は試験に合格すればいいのですから、基礎から一つ一つ積み重ねていくよりも、問題の解答を直接おぼえていく勉強のほうが効率よい合格法といえます。

具体的に言うと、問題集をやりながらテキストの勉強をしていく方法です。テキストの勉強をしっかりして、力だめしに問題集に移っていく方法は、望ましくはありますが実践的でない場合があるのです。

忙しい人や時間のない人は、問題集をやりながらテキストを補助的に使ったほうが圧倒的に有利だということも踏まえ、「おぼえようとしないおぼえ方」を工夫していっていただきたいと思います。

# 少しのムダが結局は多くの記憶につながる

## 記憶は「五回目」で定着する

「くり返せば、誰でも記憶できる」のが記憶の大原理です。成績のよしあしや試験の合否は、頭のよしあしではなく、くり返しの回数が多いか少ないかのちがいだと思ってください。

要は回数なのです。回数さえふやせば効果はどんどんあがります。かといって、使える時間は限られています。最小の回数で、かつ効果も十分というラインはどこにあるのでしょうか。

私は「最低五回」と受講生のみなさんに伝えています。

実例でお話ししましょう。

ＡＤＨＤ（注意欠陥多動性障害）という症状があります。これはたとえば、授業中なのに席を離れて教室を歩き回ったり、注意力が散漫といった特徴があります。微細脳障害と総称されていた状態の一部で、以前は子どもたち特有の症状だと思われていました。

しかし今では、おとなにもADHDの人がいることがわかっています。「部屋を片づけられない人たち」の中にも、おとなのADHDのケースがあったようです。

障害だとわかるまでは、とくにおとなの患者は、「性格の問題だ」と、周囲から人格的な面で責められ、本人も自分を責めたようです。ある女性が、「性格の問題ではないことがわかってホッとした」と、私のところにやって来ました。そして、「記憶術を教えてほしい」と言うのです。

「今も周囲が私をバカにし、言うことを認めてくれない。だから、資格をとって見返したい。こんな私でもできるのだということを見せたい」と言います。「ふつうにおぼえようとしても、私は次から次へと気持ちが移り、そのつど、どんどん忘れていくのでダメなんです」と言うので、本当に記憶できないのかと思い、イメージトレーニングや連想トレーニング、連結トレーニングなど、記憶術に必要な基本トレーニングを試してみました。

すると、いわゆるふつうの人たちと大きなちがいはなく、ほぼ全部のトレーニングをクリアすることができるではないですか。このことから私は、注意欠陥多動性障害は、注意が次から次へと移っていくために、今自分のしていることに注意が向きにくく、結果的に「今、やっていることを忘れてしまう」症状なのだと解釈しました。「記憶ができない」のではなく、「注意が移る」のが著しいために起こる「記憶の障害」とみたほうが正しいように思います。

しかし、いずれにせよ記憶に障害はあるわけです。そのうえ、今までさんざん周囲から責められ、また自分自身も責めてきて、「記憶できないダメな自分」というマイナスの自己イメージを強固につくってしまっています。それがいっそう記憶の障害を強化する結果となりました。

はたして、そういう彼女を、たった一か月足らずの勉強で資格試験に合格させることができるのか、不安がなかったといったら嘘になります。

## とにかく早く資格をとりたい人に

ところが、時間のないことが逆に幸いしました。一年後とか半年後に試験を受けるとかいうことで時間に余裕があれば、私は彼女に記憶術のトレーニングを一からやっていたと思います。しかし、一か月ではとうてい間に合いません。第1章で述べた「締切効果」を利用するしかないと思い、彼女に伝授しました。

具体的には、次のようにしたのです。

①問題集を一冊徹底的にやる

今さら、テキストを読んで記憶し、そのあと問題集をやっても間に合わないからです。

②筆記用具は2Bの鉛筆と消しゴムのみ

問題集に直接解答を書き込みます。2Bの鉛筆なら、跡が残りにくく消しやすいので、一冊の問題集を何回かくり返すのに適しています。136～137ページにあげたような消しゴムを使わない記憶術もありますが、今回はあてはまりません。

③問題集は試験までに最低五回くり返す（五回読破する）

問題集の問題と解答をそのままおぼえることが第一の狙いです。第二の狙いは、問題を解くことに慣れることです。さらに、「できることからやるのが成功への基本」であることを体験してもらうこと、および、出題傾向を理解して勉強のポイントを実感してもらう狙いもありました。

一回目から五回目までにやったことを、詳しく述べてみましょう。

［一回目］

解答を見ながら、最後のページまで問題を解きます。わからない専門用語が出てきても無視してかまいません。

［二回目］

一回目で鉛筆で解答した分を全部消しゴムで消し、一回目と同じく、解答を見ながら最後のページまで問題を解きます。専門用語やわからないところが出てきたら、テキストをちょっと開いて確認しておきましょう。

［三回目］

一回目、二回目と同様、鉛筆を消し、今度はなるべく解答を見ずに自分で問題を解いてみます。わからない問題は□印をつけておき、すぐ解答を見てもまかいませんが、わからない問題の周辺をテキストで簡単に確認をとっておくようにします。

［四回目］

□印のついた問題を、解答を見ずに自分で解いてみます。三回もやっていますから、ほぼ解答をおぼえているはずです。解答できたら、□印に、◪印のように、半分できたという印をつけてください。できない場合は、□印はそのままにしておきます。

また、□印のついていない問題と解答は、ほぼおぼえたと思ってよいので、時間があれば見る程度にしておきます。

［五回目］

□印と◪印のついたところだけをやります。解答を見ずに解けたら、□印は◪印となり、◪印は■印となります。

これで、七〜八割の点数はとれるはずです。すべての試験に絶対通用するとは申しませんが、通常の試験なら、この方法で十分です。

彼女はどうだったでしょう。みごと一か月足らずで社会福祉関係の試験に合格したのでした。周囲の人はもちろん驚きましたが、もっとも驚いたのは当の本人です。すっかり自信がつき、それから一か月後に「ついでだから、もう一つ試験を申し込みました」と受験し、同じく社会福祉関係の資格に合格したのです。

今度は私が驚きました。

## ムダは役立つがムリは役立たない

この方法を、五回でなく、三回のくり返しで実行すればどうだったでしょうか。

三回で十分という人も、もちろんいると思います。

ただし、三回の場合は、一回目から、わからない個所の確認をとる必要があります。

ある程度の素養があればいざ知らず、テキストはまったく読んでおらず、専門用語もほとんど知らない状態では、この時点で挫折するのではないでしょうか。わからないからイヤになるわけです。

一回目は、わからないままでよいから解答を見ながら問題を解くのにあててください。その「ムダ」が必要なのです。

一回目、二回目ではチンプンカンプンだったのが、三回目あたりから、ようやく用語の意味がわかってきたりするからです。そういう状態で四回目、五回目となれば、ほぼ用語の意味を把握できるようになります。

一か月（三〇日間）を五等分すると、一回の読破に約六日間が充てられます。記憶は一週間、同じことを続けると約八割が定着します。大雑把に、問題集の八割が記憶に定着すると考えてよいでしょう。

満点はとれなくても、合格安全圏に入る力だといえます。

もちろん、やった問題が、そのまま試験に出るわけではありませんが、一冊問題集を徹底してやれば、周辺内容も把握できますので、心配はいりません。

では、一〇回のくり返しだったらどうでしょう。

文句なしの回数といえます。しかし、一か月足らずで一〇回の反復は容易ではありません。朝から晩まで勉強に専心すればできるかもしれませんが、昼は仕事をして、疲れた体で夜の二～三時間しか勉強にあてられない人には、無理です。

無理をして体をこわしてもつまらないではありませんか。

# 記憶における「失敗」の効用

## 「消しゴム」を使うな

もう三〇年も前の、彼女にふられた言葉を、私は今でもおぼえています。手紙を出しても返事がなかなかこなかったので、勇気を出して電話をしてみました。すると彼女はこう言いました。「返事を出さないのが私の返事です」。

「ガーン」ですよね。本当に。

そうです。印象深いことがらは、よきにつけあしきにつけ、記憶に強く残っていくものなのです。

この原理を活用したのが、記憶術だといえます。

記憶術はイメージでおぼえるのが基本です。イメージを描くコツは、できるだけ突飛なものにすることです。たとえば、「犬が人間に咬みついた」では平凡なイメージですが、「人間が犬に咬みついた」としたら、結構おもしろいイメージとなり、印象深くなって記憶に定着しやすくなります。

人の名前をおぼえるのも同じ。数字や言葉をおぼえるのも、複雑なことがらを記憶するのも同じ原理です。

しかし、こんなあたり前のことも案外実行できないのが私たちです。逆効果に陥っていることも少なくありません。ここで、記憶における失敗の効用を考えてみましょう。

勉強に試験はつきものです。

たとえば、国家資格、認定資格、民間資格の三種類を合わせて三六〇〇以上もある資格の中で、講習を受けるだけでオーケーというのはほんのわずか。ほとんどはテストがあります。

じっさいの試験や試験勉強で解答を書いたあと、復習（答え合わせ）をする時、まちがっていた解答をどう処理しているでしょうか。ここに、成績があがるか下がるかの分岐点があります。

成績のあがる人は、まちがった解答を＝で消して、正しい解答を書き加えます。成績のあがらない人、下がる人は、まちがった解答を消しゴムで消して、そこに正しい解答

まちがった解答は
＝＝で消して
正しい解答を書き
加えた方が印象
に残る
ドコサヘキサエン酸

を書き込むのです。

消しゴムを使えば、テスト用紙や問題集はきれいです。しかし、自分のまちがいを全部消し去ってしまうことになり、せっかくの「なぜまちがったのか」「何を勘ちがいしたのか」「どうしてこんな解答をしてしまったのか」などの、まちがったという印象、インパクトのある体験も消し去られてしまいます。その結果、以後もそのまちがいが活用されていかなくなるのです。

これが鉛筆のへたな使い方です。

130～131ページの例のように正解を見ながら勉強する場合は、鉛筆と消しゴムはベストなパートナーシップを発揮しますが、まちがった解答を書いた場合は、取扱要注意なのです。

最近はパソコン派が増えたようですが、作家の多くは伝統的に万年筆を使っています。鉛筆ではなくて万年筆を使う理由の一つに、万年筆は消せないことがあると聞きました。消せないプレッシャーがいい文章を書かせることになるのです。また、自分の書いた文章を残しておけば、その時は使わなくても、あとで使うことがあるからだともいいます。消してしまったら、思い出そうとしても思い出せないことがありますから、その時はその文章を使わなくても、残しておくのだそうです。

いずれにしても、消しゴムで消さない復習は、自分のまちがいを印象づけ、同じまちがいをくり返さないきっかけとなります。

## 「予想」が記憶を強くする

以上のことから、二つのことがまとめられます。
①印象深いことは記憶に強く残りやすい
②まちがいに気づくことが印象を強くする
ということです。これは失敗の効用ともいえます。

ある大学教授は、数学の公式をおぼえるのが中学時代から得意だったと言います。そのおぼえ方がユニークでした。

まず、今まで習った数学の知識を使って、「たぶん、こうすれば、この公式が導かれるであろう」と予想しながら問題を解いていくのだそうです。そのあと教科書に書いてある導き方を見ます。

そこで「やっぱり。これでよかったんだ」と予想がズバリ当たれば、感動し、強く印象に残るから、その公式がおぼえられます。一方、自分の予想とはまったくちがうものだったとしたら、それはそれで「なるほど、そうか。そうだったのか」と自分の誤りに気づき、それがまた強く印象に残ることになるから、正しく公式をおぼえることができるわけです。

いわば、競馬の予想屋さん的発想の勉強といえます。ただ、ギャンブルの当たりはずれは天国と地獄の差ですが、勉強の場合の予想は、当たってもはずれても、どちらも天国なのです。

ちなみに、速読の練習で、よく私はこれと似た方法で練習をします。新聞の一面の下にあるコラム欄の「予想屋」をやるのです。

朝日なら「天声人語」、読売なら「編集手帳」、日経なら「春秋」といったコラム欄を切り抜いて、ちょうど半分のところで折るのです。そして前半を読んだあと、自分がコラムの筆者になったつもりで後半を予想します。

自分の予想とだいたいあっていればいたでよし、ちょっとカスればそれもよし、まったくはずれていたらそれもおもしろく、いずれにしても、予想したあと読む後半は、文章理解力も高まり、記憶にも強く残ります。

このように、失敗やまちがいに気づくことは、記憶にきわめて重要なことです。失敗を恐れないようにしましょう。

# 意味のないものをどう覚えるか

## 頭のいい「意味づけ」術

「909102880886410646976967182103109731」

これをできるだけ早くおぼえてくださいと言ったら、速い人でも三〇分、遅い人だと一時間以上はかかると思います。三五ケタの数字を完璧におぼえるのは、容易なことではありません。

数字は無機的です。意味がありません。だから、ただの数字はおぼえにくいのです。そこで、昔から「語呂合わせ」という方法で、無意味な数字を意味ある言葉に変換して、おぼえようとしてきました。イメージしやすくして、記憶を容易にするわけです。

右の数字を意味ある言葉に直すと、次のようになります。

「記憶術《909102》 は《8》や《8》れ《0》ば《8》や《8》る《6》ほ《4》ど《1》お《0》も《6》し《4》ろ《6》く《9》な《7》る《6》か《9》ら《6》、 ぜ《7》ひ《1》や《8》っ《2》て《10》み《3》て《10》く《9》だ《7》さ《3》い《1》」

おわかりになりますか。

ちなみに、最近パソコンのパスワードが盗まれて、お金をとられたとか、買ってもいない品物が届けられたとか、いろいろな事件が起きているようです。そういう問題をなくすにはどうしたらいいのだろうと、日経ＢＰ社から取材をされました。二〇〇三年五月号の「日経バイト」誌に掲載された「パスワードのおぼえ方」にまつわる記事がそうです。

要は自分さえわかればいいわけですから、人から想像できないパスワードを考えればよいのです。そのためには、自分の中で「約束ごと」をつくっておきます。記憶術はこういうところでも役立つのです。

## あらゆる数字が語呂合わせできる「椋木式変換表」

数字のおぼえ方には、私が知っているだけでも五種類あります。そのどれもが、それぞれのルール（約束ごと）をもっており、そのルールにしたがって、数字にあてはめていくしくみです。

いちばん身近でなじみやすいルールは語呂合わせですから、ここで簡単に「椋木式」

| | 一般 | 形態 | 外国語 | 音感その他 |
|---|---|---|---|---|
| 0 | レ | マ ワ | オ | ン |
| 1 | イ ヒ | ノトメ | ア テ | |
| 2 | ニ フ | ユ | ツ | |
| 3 | サ ミ | | ス | ソ |
| 4 | シ ヨ | | ホ | |
| 5 | コ | | ウ(中) | |
| 6 | ロ ム | | | モラリル |
| 7 | ナ | ヘタヌネ | セチ(中) | |
| 8 | ハ ヤ | | エ | |
| 9 | キ ク | | | カ ケ |

※(中)は中国語から

※これはあくまでも、私の数字ーカナ変換表であって、あなたは、これをもとにカナをつけ足したり、けずったりすればよい。たとえば「5」は「コとウ」しかない。だからその他の欄に「イ」といれてもよい「五木ひろし」の「五」は「イ」と読む。また「2」の「その他」の欄に「ジ」を加えてもよい「仁郎」の「ニ」を「ジ」と読むこともあるからだ

の数字変換法をご紹介しておきます。

これは、０～９までを、すべて五〇音のカナに変換する仕込みから始めます。図のように、全部のカナを０～９までにあてはめます。あてはめたら、次は「カナ→数字」に変換する練習をします。

上の表の（中）は、中国語からです。

また、これはあくまでも、私の数字―カナ変換表であって、読者の方は、これをもとに、自分なりにカナをつけ足したり、削ったりするとよいと思います。

たとえば、５には「コ」と「ウ」しかありませんから、その他の欄に「イ」と入れてもよいでしょう。あるいは、２の欄に「ジ」を加えてはどうでしょう。名

前で「二郎」の二を「ジ」と読むこともあるからです。

変換表ができたら、ア〜ンまでのカナを見て、すぐ（二秒以内）数字が出てくるように練習をしておきましょう。

ア　イ　ウ　エ　オ

カ　キ　ク　ケ　コ（ガ　ギ　グ　ゲ　ゴ）

サ　シ　ス　セ　ソ（ザ　ジ　ズ　ゼ　ゾ）（シャ　シュ　ショ）

タ　チ　ツ　テ　ト（ダ　　　デ　ド）（チャ　チュ　チョ）

ナ　ニ　ヌ　ネ　ノ　　　　　　　　（ニャ　ニュ　ニョ）

ハ　ヒ　フ　ヘ　ホ（バ　ビ　ブ　ベ　ボ）（ヒャ　ヒュ　ヒョ）

マ　ミ　ム　メ　モ　　　　　　　　（ミャ　ミュ　ミョ）

ヤ　　　ユ　　　ヨ

ラ　リ　ル　レ　ロ　　　　　　　　（リャ　リュ　リョ）

ワ　　　　　　　ン

これがスムーズにできるようになると、ほとんどの数字は、語呂合わせで変換できるようになります。

## 整ったイメージより強烈なイメージで覚えよ

ここで、語呂合わせによるパスワードのつくり方、おぼえ方にもふれておきましょう。要は、自分さえわかればよいルールをつくればいいのですから、ことは簡単です。パスワードは、一般に六文字から八文字ぐらいです。問題はパスワードの文字を何によって思い出させるか、そのイメージということになります。

たとえば、パスワードをおぼえられないのなら、「おぼえられない《０４８６０７１》」すなわち「０４８６０７１」はどうでしょう。

パスワードをおぼえるのが面倒くさいイメージがあるなら、「面倒くさいな《１０１５９３１７》」すなわち「１０１５９３１７」とすればいいのです。

数字だけでは不安という場合は、！や＃、％、？などの記号を入れましょう。

たとえばパソコンが好きなら、そのイメージを変換して、「パソコン好き！《％３５０３９！》」つまり「％３５０３９！」とするのもいいですし、「ン」は０ではなく、必ず「？」に変換するという自分独自のルールをつくっておけば、「パソコン好き！《％３５？３９！》」つまり「％３５？３９！」になります。

こうすれば、無機質な数字でも有機的となり、がぜんおもしろくなると思いませんか。

語呂合わせのコツを、もう一つお教えしましょう。

私の教室に小学生が記憶術や速読術を習いに来ていますが、小学生の頭はなんてやわらかいのだろうといつも驚きます。

「なんと《710》美しい平城京＝七一〇年平城京遷都」「鳴くよ《794》うぐいす平安京＝七九四年平安京遷都」「いい国《1192》つくろう鎌倉幕府＝一一九二年鎌倉幕府開幕」と、私たちの知っている語呂合わせは、誰が考えたのかと感動せずにはいられないほど美しくできています。

しかし、そのせいか、数字をおぼえる語呂合わせの時、多くの人は美しい文句を考えたがります。その結果、語呂合わせがうまくいかなくなることが少なくありません。

その点、小学生たちは、美しさなど考えず、要は数字にカナがつながっていればいいと発想しますから、どんな数字でも変換しておぼえていくことができるのです。

「なんだ今《710》もまだある平城京」「なぜ急《794》に仕事を変えた平安京」という具合です。この自由さ、柔軟さがあれば、もうなんでもこい、という感じです。

おとなも、名文句にとらわれず、鮮烈なイメージであれば何でもいいと考えて、小学生になったつもりで、語呂合わせに挑戦してみてください。

5章

——読む速さは「目のつけどころ」ひとつで急伸する

# 鍛練なしで速読力を上げる

## 「そう速く感じない速読」がポイント



### 本を「読まなかった」諸葛孔明の秘密

中国は多くの英雄、天才を輩出してきましたが、その中でも諸葛孔明はもっとも優れた人物といっても過言ではないでしょう。神算奇計の作戦と緻密巧妙なその策は、あらゆる豪傑、軍師を圧倒し、『三国志』を読む者の胸をかき立てます。小説上の創作もあるでしょうが、伝説のすべてが史実とまったく異なるはずはなく、孔明の実像はやはりすごいものだったにちがいありません。

では、彼のけたはずれの知力（推理力、先見力、洞察力など）はどこから生まれてきたのでしょうか？

その解答は「読書」にあります。

読書といっても、紀元前の話ですから、今のような紙の本はありません。竹を薄く削った竹簡や、木を削った木簡に文字を書きます。それがまとまると紐で編んで韋編《いへん》をつくります。これを巻いたものが巻《かん》です。

孔明の読み方は、一字一句文字を追って読む一般人とはずいぶんちがっていました。一字一句の文字にこだわらず、サーッと流すような読み方をしていたそうなのです。

どちらが正しい読み方なのかは知りません。しかし、どちらが多くの知識を得られるかといえば、サラサラと流すように読んだほうです。

孔明の知力の源泉は、並はずれた「読書量」だったのです。一般の人が一巻読むところを五巻も一〇巻も読めば、勝負は決まっています。諸葛孔明は速読の祖の一人だったのかもしれません。

ジャーナリストの立花隆氏の作品は、政治、経済から思想、哲学、自然科学、医学など、どれも超一級品ばかりです。一つをきわめるだけでも大変なのに、こんな多くの分野にわたって知識をもつことは、並の人間にできることではありません。

このカギも、諸葛孔明と同じく「読書」だと思います。

立花氏の書庫を以前テレビで見たことがありますが、三万冊以上の本があり、氏は、全部にひと通り目を通していると言っていました。

一般に、一年で一〇〇冊以上の本を読めば、「読書家」といわれます。立花氏などは、さしずめ「超読書家」でしょう。私たちも、「超読書家」にならぬまでも、まず「読書家」といわれるぐらいまでにはなりたいものです。

そのためには、やはり「速読力」が必要となります。

たしか、立花隆氏も速読のトレーニングをしたと自著に記していました。やはり多読、濫読するには、「速読力」は欠かせないのです。

速読の本の中には、一分間で何万字、何十万字を読めると書いてあるものがありますが、私がいう「速読力」は、そんな大変な数字を要求しません。多くて二〇〇〇字、少なくても一〇〇〇字の速読力をもてばよいと考えています。新書版の本を一時間半〜二時間ぐらいで読めるスピードです。それほど速く感じないかもしれませんが、新幹線で東京から名古屋までに一冊読めるわけですし、遠距離通勤の人なら、朝晩一冊ずつ読める計算になります。読書家になるに十分な数字だと思います。

## 「三欲」を捨てれば大量の情報が飛び込んでくる

本の読み方には四通りがあります。

①精読

一字一句注意深く読みます。法律の条文を読んだり、声に出して読むような時が精読にあたります。

②熟読

一字一句味わいながら読みます。文学作品を初め、一般的に黙読しながら本の世界に夢中になるのが熟読です。

③瞬読

私の造語ですが、瞬間的にパッパッと一ページまるごと読みます。幼児がパラパラ本をめくる読み方、また書店で本をパラパラめくって「おもしろそうだ」「難しそうだ」と判断するような読み方です。

④速読

情報収集するための読み方です。試験直前に勉強したところをサッと読み返したり、会社の資料に目を通すような読み方をいいます。

私たちは、意識するかしないかは別にして、これらの読み方を自然と使い分けています。その中で圧倒的に多いのが、②の熟読です。一字一句を味わいながら読む熟読のよさは、本の世界に安心して浸り、内容を理解できることです。

速読をする場合、最初は熟読をしないように意識したほうがよいでしょう。トレーニングなしで「速読力」をあげるには、次の三点が必要になります。
・味わうことをあきらめて、情報収集のみに徹すること
・サラサラ読みでよいと思うこと
・大意、要点がつかめればよいと割り切ること

## 全体をつかむまで部分は問うな

ある大学教授がボヤいていた話を思い出します。

「最近の学生の質問は、言葉尻をつかまえて質問してくることが多い。大切なのは文脈でとらえることなのに」と。重箱の隅をつつくような読み方、「木を見て森を見ず」という把握の仕方をするから、理解できないのだと、この教授は言っているのです。

高速学習にも同じことがいえます。

テキストを購入して、いきなり完璧に頭の中に入れようとして、一字一句読み進めていく人がいます。こういう人は大半が挫折します。

たしかに、次々に出てくる専門用語の意味をきちんとそのつど把握しなければ先に進んでも意味がないと思うのも一理あります。ですが、それが大きな落とし穴となるのです。だんだん息切れするのです。前章でもお話したように、最初はわからなくてもよいから、どんどん読み進めて、全体的にどんな感じのものなのかをイメージ的にとらえればいいのです。それが、高速学習のもっとも大切なポイントになります。

諸葛孔明の本の読み方は「サラサラ読み」だといいました。そのかわり、彼はその巻物がボロボロになるまで何度も読んだということです。この読み方が、大量の情報や知識を蓄積する最良の方法なのです。

よく「アイツは要領が悪い」なんていいます。要領の悪い人というのは、全体をつかむのがへたな人だといえます。

勉強の要領の悪い人も、小さなところに目を向けすぎて、全体的なイメージができていないものです。そのために、努力に比例した成果が得られないのです。

トレーニングなしで速読力を身につけていくには、まず、「全体がつかめればいい」「だいたいこういう内容であった」程度の把握でよいと割り切ってください。そうすれば、「サラサラ読み」が苦もなくできるようになるでしょう。

# 「目次効果」を使え



## 「目次読み」の五つの大効果

記憶術を教える時に受講生のみなさんに必ず申しあげていることは、「まずは目次をおぼえよ」です。速読術を教える時も、「まず目次を読め」と申しあげています。

なぜそれほど「目次」が大切なのでしょうか。

①全体の流れがつかめる
②自分の勉強している「位置」が見える
③本の内容を推測できる
④目次と本文のお見合い学習ができる
⑤全天候型の勉強ができる

以上の五つの学習効果を順に説明していきましょう。

テキストの目次をコピーして、それをのりづけして一枚の大きな目次集をつくる
目次
目次

①全体の流れがつかめる

行政書士に合格した人が、こう独自のノウハウを教えてくれました。

テキストの勉強をする時は、まず目次だけをコピーします。それを一枚一枚のりでくっつけて、一枚の大きな「目次集」をつくり、一目で目次全体を見られるようにしておくのです。そうすると、そのテキスト全体がパッと把握できるのです。目次の第一の利用価値はここにあります。

部分ばかりにとらわれて勉強や仕事をしていると、自分がどんな流れの中で勉強（仕事）をしているのかが見えなくなってしまいます。

見えなくなるから勉強が進まなくなるのです。目隠しをすれば速く歩けなくなり、暗闇では何を食べても味が半減するのと同じです。

一枚の巻物にした「目次集」を、勉強する前にまず開いて、「今日はここの勉強をするぞ」と確認して、全体をつかみ、今日の勉強の前後のことをよくつかむと、勉強が楽しくなり、結果として効率が高速化していきます。

②自分の勉強している「位置」が見える

全体が見えれば、現在の自分の勉強をしている「位置」が見えます。この部分は、どこからきて、どこにつながっていくのか、また、どの位置に関係していくのかが、容易に理解ができるようになるのです。

推理小説家、松本清張氏に『点と線』という名作がありました。勉強も同じで、最初は、点、点、点の勉強をしていますが、やがて、それは線でつながっていかなくてはなりません。また、つながってこそ、ある時点から急に効率があがり、能力が向上するのです。

③本の内容を推測できる

読む行為は、一般に、内容を優先すればスピードが遅くなり、スピードを優先すれば

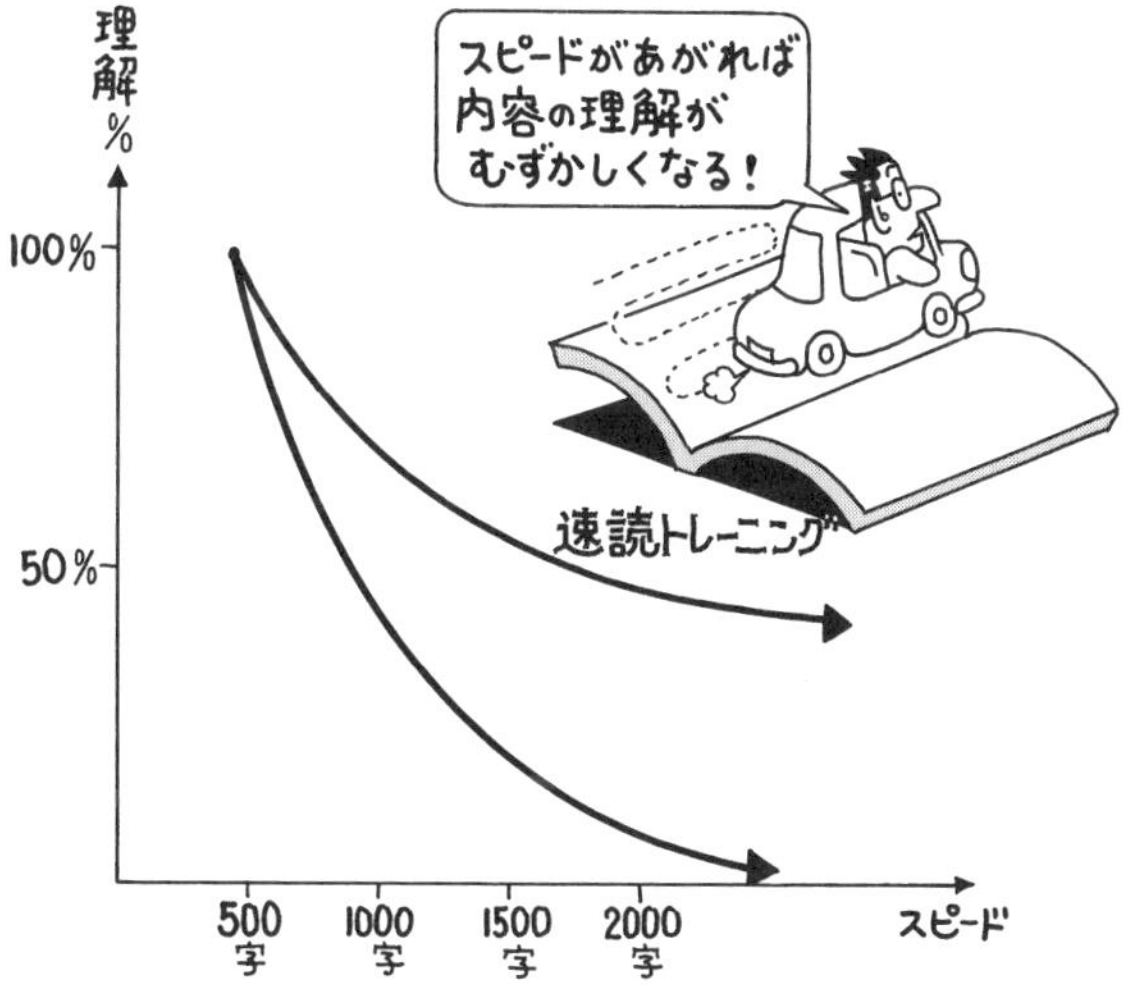


内容の理解が難しくなるという関係にあります。スピードと理解のこの反比例関係を、できるだけ少なくさせていくのが速読トレーニングです。目次を読むのも、そのトレーニングのひとつです。

まえがきでふれたように、まず目次を熟読します。ただ読むのではなく、「ここは、きっとこんなことが書いてある」と推理しながら熟読するのです。それから本文を読みます。そうすると、自分の推理が合っていたかどうかを知りたくなりますから、読むスピードが自然に速くなります。さらに、「思った通りだ」と思えば感動して記憶に残りやすくなりますし、ちがっていたら、「こういうことだったのか」という発見があるので記憶に強く残るという具合です。

## 目次と本文の「お見合い学習法」

④目次と本文のお見合い学習ができる
勉強は、「全体」を把握したら「部分（細部）」に入り、「部分」を見たら「全体」に戻るのが理想的といえます。目次の巻物がここでも役立ちます。まず目次全体を読んでから、今日勉強する部分に入る。勉強し終わったら、また目次に戻って、勉強した部分をふり返る（復習する）のです。

目次（全体）と本文（部分）が、そのように互いに意識し合って、互いに確認をとり合う勉強法を、私は「お見合い学習法」と呼んでいます。こうした勉強をしていくと、目次を見ただけで本文の内容を書いたり話したりすることができるようになります。一冊のテキストを攻略するにはもってこいの方法といえます。

⑤全天候型の勉強ができる
理想をいうなら、四〜五時間の勉強が毎日できれば、それにこしたことはありません。しかし現実はそう甘くありません。人づき合い、残業、デートなどがあります。また、

今日は体調が悪いとか、やる気が起きない、疲れたというような内的な問題もあります。一定の時間を確保して勉強することは、働く人にとっては、内的にも外的にも非常に困難なことです。

では、どうすればよいのでしょうか。

体調が悪かろうが、忙しかろうが、気分が乗るまいが、デート日であろうが、最低これだけは必ずやっておこうという勉強法をもっていればよいのです。

それが、また「目次」なのです。とにかく目次だけは毎日必ず目を通すことを絶やさなければよいのです。

仕事の繁忙期だからといって、勉強を一週間休んだとしたら、一週間後の勉強は、またゼロから始める感じとなり、積み重ねが困難になります。半歩でも〇・一歩でもよいから、確実に進めましょう。

どんな状況でも目次だけは目を通す習慣が、記憶を強化し、意志力を継続させてくれます。

# 速く読む日常の「心がけ、きっかけ、働きかけ」



## 「身近なテキスト」活用法

一週間に一度だけ九〇分の勉強をするのと、毎日一五分間の勉強を一週間続けた場合と、どちらが能力を高められるかというと、記憶の「くり返し効果」でみなさんおわかりのように、後者の毎日一五分間の方がはるかに実力がつきます。

一般に、一分間で読むスピードは分速五〇〇字前後。文庫本一ページ分です。二〇〇ページの本なら、二〇〇分で読めるわけです。

速読だと、分速一〇〇〇字〜二〇〇〇字のスピードになります。一般の約二倍〜四倍の速さです。

文庫本一冊を二〇〇分で読むところを、二倍速なら一〇〇分で、四倍速なら五〇分で読み切ることができる計算になります。じっさいはそんな単純なものではありませんが、そのくらいの差が出ることは事実です。

これを使わない手はありません。

特に専門的なトレーニングなしで速読力をつける方法は、次の通りです。

①小説は短編集を利用する

短編集は一冊に五～六編ぐらいの作品が載っています。各編は約四〇ページぐらいです。仮に四〇ページだとすると、その数字の半分を、読む時間に設定します。すなわち、四〇ページなら、これを二〇分間で読む、というように。これは意外に簡単にできます。

②新聞の社説を利用する

一般に社説は、各新聞とも一テーマ一五〇〇字前後で二テーマ掲載されています。これも、一五〇〇字なら約三分で読めるところを、二分の一の一分三〇秒で読もう、三分の一の一分で読もうとします。

③ふだんから、文字を見たらとにかく速く読もうと心がける

会社の書類はもちろん、資料、新聞や雑誌、本と、文字を見たら、とにかく速めに読もうと心がけることが大切です。とくに資格試験合格をめざす人には、この習慣がとても役に立ちます。

以上の三点を心がければ、速読力は必ずついていきます。

## 「じっくり一回」より「サラリ三回」をクセにせよ

こうして速読力がついてきたら、じっさいの勉強にも役立てていきましょう。テキストを読む時に活用しましょう。

まず目標を決めます。「〇〇ページまでを〇〇分間で読み切る」というような目標を立てるのです。

最初にテキスト一ページあたりどのくらいのスピードで読めるのかを計っておきます。熟読した時間を計って、仮に一ページあたり七分間で読んだとしたら、二ページで一四分、三ページで二一分……となります。一〇ページ読むのに七〇分かかることになりますから、まずは三分の一の速さで読むよう目標を立てましょう。「よし、一〇ページを三五分で読むぞ」と。

これは簡単にクリアすると思いますので、今度は三分の一の速さに挑戦します。一〇ページ（七〇分）なら、約二二分で読み切ろうとするのです。

大切なことは、目標を立てたら、必ずその時間内に読み切るクセをつけることです。

あなたが「くり返し効果」を狙うなら、三分の一のスピードで読めるようにしてください。一回だと内容があやふやですが、二回目になるとボンヤリとこんな感じの内容だとイメージができるようになります。三回目になると、ボンヤリした内容がはっきり「こうだ」とわかるようになります。あわせて、反復による記憶によって、その記憶は定着します。

「三時間を一回で読み切る」より「一時間を三回かけて読む」ほうがよいのです。

ある役所に勤めていた受講生がこんなことを言いました。「一分間一〇〇〇字で読んだ時の理解度と、一分間三〇〇〇字で読んだ時の理解度は、そうたいして変わらないということがわかりました。スピードがちがっても理解度が同じなら、三〇〇〇字のスピードで読んだほうが得ですよね」と。

そう気づいてから、彼はがぜん速読力が高まっていきました。

# 速読は活用することで早く身につく

## 一年の勉強を二週間ですます法

記憶力をよくする要素は最低五つあります。

①反復する力
②イメージ力
③整理力
④理解力
⑤集中力

これらの力は互いに影響し合い、私たちも複合的に使っています。中でも反復する力は重要です。反復するのに便利なのが速読です。その速読をどう高速学習に利用するか、その一例を紹介しましょう。

154ページで「目次」の重要性をお話ししたのですが、ここでは別な切り口で目次の使い方をお話ししましょう。

よく速読トレーニングにくる学生たちに申しあげていることは、まず目次を見て全部で何章になっているかを調べてほしいということです。

たとえば、全部で一五章ある教科書だとしたら、これを一五日間で全部読み切る方法をこれから伝授しましょう。

やり方は次の通りです。

［一日目］

（A）第一章を「一〇分間速読」します。

（B）次に同じところを重要語句などチェックしながら「熟読」します。（約三〇分）

（C）次に同じところを「五分間速読」します。

（D）最後に五分間、第一章を頭の中でふり返ります。

計五〇分で一日目は終わります。

［二日目］

まず第一章を「五分間速読」しておきます。

次は、今日は二日目ですから、第二章をやります。
手順は一日目と同じく（A）（B）（C）（D）の順です。
［三日目］
まず第一章と第二章を「五分間速読」しておきます。
次は、今日は三日目ですから第三章をやります。
手順は一日目と同じく（A）（B）（C）（D）の順です。
［四日目］
まず、第二章と第三章を「五分間速読」しておきます。（第一章は休）
次は、今日は四日目ですから第四章をやります。
手順は一日目と同じく（A）（B）（C）（D）の順です。
［五日目］
まず、第三章と第四章を「五分間速読」しておきます。（第二章までは休）
次は、今日は五日目ですから第五章をやります。
手順は一日目と同じく（A）（B）（C）（D）の順です。
［六日目］

おわかりですね。第四章と第五章を「五分間速読」しておきます。（第三章までは休）次は、そう、第六章です。手順は同じです。

こうして、一五日間を行なっていきます。

私は、とくに中高生のみなさんには、この方式を活用して一学期中に全教科の教科書を、全部読み切ってしまえと申しあげております。

そうしておくと「勉強の先どり」で、学校の授業が復習になるわけです。もちろん、それだけではありません。中間、期末のテストがあればそこでまた教科書を読み返すわけですから、少なくとも各章五回以上反復勉強することになります。それは当然成績にはねかえってくることになります。

要するに、一年間で勉強することを二週間でやってしまおうという勉強法です。資格試験をめざすみなさんも、同じ要領でやってみてください。

## テキストはまず「見る」ことが大事

速読トレーニングの中に「視読」という練習があります。

ふつう私たちは本を読む時、文字を見て、音声化し、意味を理解します。黙読であっても、頭の中で音声化していることが多いものです。こういう読み方を、私は「音読回路の読み方」と呼んでいます。

速読するには、この「音読回路読み」の割合を少なくし、視読の割合を多くします。「視読」とは、文字を見て、意味を理解する読み方をいいます。速読トレーニングの中でもっとも難しいトレーニングですが、みなさんにそれをしてくださいと申しあげているのではありません。視読のトレーニングをせずに「視読回路」をつくるには、文字を見るだけでいいのです。要は一ページ一ページ読むのではなく、パラパラ、サラサラ、サーッサーッという感じで見るだけでいいのです。

「見るだけで効果があるのか」というご質問を受けそうですが、効果があるのです。

これから、この勉強をするぞと思ったら、まずは勉強したところはもちろん、勉強していないところもパラパラとページをめくって、最初から最後までまず「見る」のです。そうして、「今日勉強する」ところに入っていけばよいのです。

それを「毎日、毎日」行ないます。

不思議なことに、視読しているところは、初めての勉強でも非常に頭の中に入りやすいのです。

ある中学生がある有名私立高校に入りたいと思っていました。ところが模擬試験の成績は一万二〇〇〇番台。とてもこれでは入れません。せめて一〇〇〇番台にまであげないとダメだというので、その中学生は私のところに勉強術の相談に来ました。その中学生は勉強に入る前に必ず「視読」をするようにしました。成果は半年後に出ました。念願の一千番台に突入したとのことです。あの一万二〇〇〇番台だった子が一〇〇〇番台にまでこぎつけたのは、みごとと言うほかありません。

勉強前の視読は、想像以上の効果があるのです。

## 威力を発揮する「本への落書き」

私は本が好きですから、以前「蔵書印」なるものを買って、長く保存しておきたい本は、蔵書印を押して大事にしまったものです。

ところがあるジャーナリストは、自分に必要な情報が載っている個所があればハードカバーの本であろうが高価な本であろうが、バリバリ破り、ファイルして貯めていくことを知りました。私にとっては、ちょっとしたカルチャーショックでした。「本は大事にすべきものである」という固定観念がくつがえされ、「なるほど情報収集とはこういうことをいうのか」と、えらく感動したものです。蔵書印を押した本など、本棚の飾りであり、情報とか勉強とかの面では何も役立っていないことに気づきました。

「本というものは、どんどん破るべし、よごすべし」だと、それ以来思うようになったのです。

伝説的な記憶の神さまといわれた渡辺剛章先生は、教科書をおぼえる一つの方法として「落書き」をよくしていたと聞いたことがあります。

記憶は、何かに関連づけておぼえると定着しやすくなります。その一つの手段として

「落書き」をしていたのです。みなさんもぜひ、この本で試してみてください。この本を読んでいて、このページは使えるというところがあれば、ページの片すみに、どんなものでもいいですから、落書きするのです。

たとえばこの項の冒頭の記述が気に入ったら、そのページの余白に自分の好きな異性の顔の落書きをしておくのです。そうして、その落書きとその情報を関連づけておぼえておけばよいのです。

冒頭の記述は「短期間で効率よく一冊を頭の中に入れる方法」でしたから、それを自分の恋人（たとえば花子さんという名前）と関連づけてイメージすればよいのです。「花子とまるごと短期間で頭の中に入れる方法」というようなイメージをつくってください。そうすると、本を読み返す際、そのページになれば「花子さん」の絵（落書き）があるわけですから、「そうだ、花子といえば短期間で一冊の本をまるごと頭の中に入れる方法」だと、その項目の情報がありありとよみがえってきます。

これは記憶のし方ですが、速読で本を反復しながら読み返す時、その落書きを見れば、自動的にスイッチオン状態となり、そこの内容がありありとよみがえってくるわけですので、これもまた、高速学習として有効な方法です。

ポイントはできるだけイラスト化することです。そのほうが、速く頭の中によみがえってきます。

6章

——「本番力」に不安がある人に

# 試験対策をどうするか

## 「できる」という自己イメージを植えつける

### 「完全読破」を放棄せよ

「本番力」という言葉があります。試験の本番で力を十分に発揮する能力のことです。模擬試験では成績はよくなかったけれど、本番では思いがけない力を出して合格する人もいれば、逆に「絶対だいじょうぶ」と誰からも太鼓判を押されていたのに、本番で撃沈する人もいます。

自分自身の「試験史」をふり返っても、「あれだけ頑張ったのに、なぜ不合格だったのかなあ」といつまでも悔いが残る試験と、「よくまあ、受かったもんだ」と今でもラッキーに思う試験と、両方があるのではないでしょうか。

その差はどこにあるのかを究明し、本番でしっかり実力を発揮できるようにするのが、いや、あわよくば実力以上の力を出す「技術」を身につけるのが、本章の狙いです。

準備万端の勉強をすればよいのかもしれません。ですが、仕事をもっての勉強では難しい面もあります。それに、テストは他人との競争だという面もあります。自分自身との闘いに勝つと同時に、準備万端で土俵にあがるかもしれないライバルに勝つ力を養う必要もあるのです。

「本番力」の涵養《かんよう》にまず大事なことは、「習うより慣れろ」ということです。つまり、問題を解きまくれということです。

勉強をオーソドックスにとらえれば、まず基本があって、基本の上に応用があります。基本は無視できないのが当然です。

しかし、短期間で試験に臨む場合は、基本から応用に進むオーソドックスな勉強法では間に合わないことが往々にしてあります。テキストを完全読破、完全理解してから試験問題にとり組む方法は放棄し、いきなり試験問題（過去問題や市販されている問題集）からとり組んでみましょう。

一見無謀なやり方に見えますが、意外とそうではありません。とくに経験上「自分は本番に弱い」と思っている人には有効です。

「公文式」という塾があります。この塾のよさは、子どもに難しい問題を解かせるのではなく、自分の今できるレベルの問題を何回もくり返しやらせることで理解を深めるというやり方にあると、私は思います。もちろん一長一短はありますが、苦手意識をもつ子どもにはとても有効です。くり返し行なうことで苦手意識がなくなり、かつ、問題を解くことに慣れることで「解法パターン」をおぼえていくのですから。

「わかる」という自信と「できる」という自己イメージを自分に植えつけることの効果は、おとなの勉強にも共通です。

「問題解きまくり」は、短期間のうちに資格をとろう、点数をあげようという人にとても有効な方法といえます。

## まず解答を見る「問題集活用術」

問題集を有効に活用するために、次のことに注目してください。

①問題集の選び方

問題集の選び方はとても大切です。とりわけ問題集についている「解答集」に注目すべきです。

ある程度の基礎知識が頭に入っている人なら、単なる解答のみが記してある解答集で十分です。この場合は、問題集を、収録されている問題の数で選びます。問題数が多いほど、細部にわたっているわけですから。

半年で万全の試験対策を完了させるとすれば、これを最初の三か月間に、最低五回くり返しましょう。三回だとちょっと不安が残ります。

一方、予備知識がほとんどない人なら、「解説つきの解答集」がついている問題集を選ぶのが得策です、問題を解きながら基礎知識を頭に入れられるからです。

解説不足の問題集を解くと、「なぜこういう解答になるの？」という疑問がわいた時、それを調べるのにものすごい時間がかかります。これが、意外に面倒です。乱暴な言い方になりますが、面倒くさいことはできるだけ少なくさせましょう。それだけで勉強が進まなくなることがあるからです。

これを本番三か月前までに、やはり最低五回はやりましょう。そうして予備知識、基礎知識が頭に入ったところで、もっと問題数の多い問題集にシフトしていくのも一つの方法です。

②問題の解き方

最初は解答を見ながら解くとよいと思います。とくに、予備知識、基礎知識のない人は、機械的にどんどん進めていきましょう。自力で解くのは、三回目あたりからで十分です。別項で述べた通り、解いたあとは、□、◪、■などの記号を忘れずに記入して、漫然たるくり返しを防ぎます。

③問題を解く時間

試験時間はだいたい一～二時間がほとんどです。その時間に慣れるために、最初から、一～二時間を確保して勉強するのが理想です。しかし、そうもいかないことが多いと思います。

試験時間に合わせた勉強は、試験直前でやればよしとします。そして、試験で要求されるスピードと正確さのうち、まずは正確さよりスピードをつけることに力を集中しましょう。

そのためには、二〇分勉強もしくは三〇分勉強の分割法がよいと思います。私は二〇分勉強法がおすすめです。二〇分で何問が解けるかを試しましょう。「今回は五問解けた」「一〇問解けた」「八問に落ちたぞ」というようにすることで、スピードが自然につきます。

④思い出す時間をつくる

多くの人は入力《インプット》することにばかり懸命になりがちですが、むしろ出力《アウトプット》のほうを大切にしてください。アウトプットでつまずく人こそが「本番に弱い人」だからです。

出力に弱くなる最大の原因は、アウトプットの「練習」を日頃からやっていないことです。練習さえ欠かさなければ、記憶のパイプが太くなり、本番でも日頃の勉強が十二分に発揮されます。

アウトプットの練習は難しくはありません。

二〇分問題集を問いたら、休憩時間を五～一〇分とり、その間に、今やった問題を思い出すだけでよいのです。

思い出すのは、今やった「問題文」と、その「解答」の二点です。一字一句思い出す必要はありません。「こういう問題文でこんな解答だったよな」というように、自分の言葉で結構です。

最初はうまくいかない人がいるかもしれませんが、毎日、毎回続ければ必ず上達しますのでご安心ください。

⑤勉強単位を一日何回とるか

二〇分間の勉強を一単位とするなら、これを一日に何単位とるかは、自分の体調と精神状態を見ながら、決定してください。

以上を参考にして、ご自分の勉強のスタイルを決めていってください。これで、まずほとんどの試験対策は万全です。

本番に力を発揮するための高速勉強法として、この勉強法だと、半年も時間はいらないと思います。三か月あれば十分対応できる方法と思ってください。

時間がたっぷりある人は、勉強のし方が何通りも考えられますので、ご自分の試験内容によって、組み立てを考えてみてください。

# 「直前三か月」のスピード勉強術

## なぜ「自分で問題をつくる」のが高速勉強なのか

半年間でどう万全の試験準備を整えるかという視点から、問題集を中心にした勉強をしてはどうかと提案しました。前半の三か月で一冊の問題集を三か月間で最低五回はやろうと申したわけです。

次は、後半の三か月間に何をするかです。

選択肢はいくつかあります。

そのまま本番まで、今までやった問題集をやり直す方法。別の問題集を探して、同じようなやり方で本番までやるという方法。どれもそれなりの効果があります。

ここでは、もっとすごい方法を試してみましょう。自分で問題集をつくるやり方です。

後半の三か月目に入った時、一か月間かけて、自分で問題集をつくります。どうしてもおぼえられない、まちがいを犯しやすいところをピックアップして、それを問題集にするのです。問題の数は、五〇〇問から一〇〇〇問が適当だと思います。

そんな問題をつくる暇があるなら、市販の問題集をやったほうが効率がよいと考える人がいるかもしれません。しかし、基本的なことはもう押さえたと見切れた場合は、むしろ、自分用の問題をつくったほうが効率的なことを知っておきましょう。とくに、重要語句をおぼえるのにとても役立ちます。

たとえば、次のように自分で問題をつくるのです。

・狭心症になる男女の比率は、（　　）
・狭心症は心臓の筋肉がどうなる病気か（　　）
・心筋に酸素と栄養を送る動脈を何というか（　　）
・心筋の虚血によって起こる病気は狭心症のほかに何があるか（　　）
・階段をのぼったり、速く走ったりする時に起こる発作を何というか（　　）
・冠動脈に起きやすい動脈硬化を何というか（　　）
・睡眠中や安静時に突然発作が起こる狭心症を何というか（　　）
・足の付け根などの動脈から行なう治療法を何というか（　　）

・冠動脈の狭窄部分に金属製の補強器具を装着する方法を何というか（　　）
・カッターでアテローム部分を削り落とす治療法を何というか（　　）
もちろん、こういう問題はじっさいにはありません。不得意分野を問題集や教科書からぬき出して自分でつくった問題です。一日三〇問～四〇問をつくっていくと、一か月でゆうに一〇〇〇問はつくれます。

## 「遠回り」の七大メリット

このように自分で問題をつくると、遠回りに見えて、じつは高速学習に直結する次のようなメリットがあります。

①教科書の内容をもれなく理解でき、理解度も深まる
②記憶を速めて、かつ記憶の定着が確実になる
③記憶を想起するのが容易になる
④復習が楽しくなる
⑤応用力が高まる
⑥出題傾向をつかみやすくなる

⑦不得意分野の完全制覇ができる

このようなメリットが成績に反映されていきます。

問題づくり勉強法は、とくに暗記を主体とした試験に有効だと前述しました。では、会計簿記などでよく見られる計算問題ではどうでしょう。

自分で計算問題文を考えることができたら、文句なしに実力アップになることを保障します。

暗記系の問題は、記憶術でいう「目隠し法」みたいなものです。重要な語句を（　）で隠せばいいのですから、問題文をつくることは難しくはありません。ちょっと気合いを入れれば、一日で五〇問、一〇〇問をつくることも容易です。しかし、計算を要する問題文は、その元となる問題を理解し、納得していなければつくれません。それゆえ、計算を要する問題文をつくるということは、基本的なことを理解しており、かつそれを応用する訓練をくり返すことになり、実力が飛躍的に高まっていくのです。

## コツは「一問三秒」のレスポンス

では、自分でつくった問題を、どう使いこなすのでしょうか。

問題は、紙に書いてもかまいませんが、パソコンにどんどん入力していくのがよいでしょう。そして、パソコン画面を見ながら、一問三秒以内で即答するようにトレーニングします。

即答三秒以内というのは短いようですが、これが意外と長く感じます。最初は、ポーン、ポーン、ポーンというようなリズムになるでしょう。二度、三度とくり返すうちに、それがポン、ポン、ポンという軽いリズムに変わってくるはずです。こうなると、相当力がついてきたと思ってよいでしょう。

自分でつくった問題ですから、まちがっても「この問題はテキストのどのページ」というのがすぐわかり、調べるのも楽です。

このパターンは試験の前日まで続けましょう。

## 生活のリズムを試験用に修正する

さて、試験も一週間前、つまりほとんど直前になったら、何をすべきでしょうか。

いちばん大切なことは、生活のリズムを立て直すことです。

朝型の人はそのままの生活と勉強でかまいません。しかし、夜型の人は、午前中スッキリ状態をつくらなければなりません。試験は、長いものだと午前中一科目、午後二科目という場合もありますので、生活リズムを早いうちから立て直す必要があるのです。

夜型の人のための「時差ボケ対策」は次の通りです。

①夜は一二時前に寝るようにする

②朝起きたら朝日を浴びる

朝の光を浴びると、目ざめがきわめてよくなります。

③昼休みに一〇〜一五分の昼寝をする

コーヒーを飲んですぐに昼寝をすると、目ざめの頃にカフェインの効果が出てきてスッキリします。

④アフターファイブはほどほどにし、試験直前の一週間は遊びをひかえめにする

以上四点に気をつけて生活を送ると万全です。なかでも、③の昼寝はおすすめです。昼間の一〇分間の睡眠は、夜の二〜三時間の睡眠に相当する価値があるといわれています。

試験当日も、午前中の試験で使ったエネルギーを昼寝で回復、充電し、午後の成績アップにつなげましょう。

# 合格者は「参考書」に特徴がある

## 「完備型参考書」の誘惑に負けるな

高速学習の参考書選びのポイントをお教えしましょう。

面倒くさいことはできるだけなくすことが大切だと177ページなどで申しました。勉強のリストラです。参考書もその対象となります。

結論からいえば、参考書は、できるだけ薄いものを選んでください。

同じことは、試験勉強のテキスト全般についてもいえます。ただ、学校に通っている人は、その学校から購入しなければならない場合があるでしょうから、教科書は必ずしも自分で選べるとは限りません。参考書に注目せざえるを得ないのです。

予備知識や基礎知識のない人は、できるだけ詳しい内容の厚い参考書を選びがちです。けれど、少なくとも高速学習を願う人なら、その誘惑に負けてはいけません。

薄いということは、少ないページ数に、重要な点だけがよくまとめられているということを意味します。

よくまとめられた要点だけをおぼえればいいと割り切りましょう。

## 細部は「さておく」ことが何より大事

「完全主義は敗北主義」という言葉をおぼえておきましょう。

ものごとは、完全であるにこしたことはありません。理想をいえば、分厚い参考書を一字一句、もれなく理解し、記憶しておきたいものです。しかし、人間の能力は無限とはいえ、やはり「容量」があります。時間は自分でつくれるとはいえ、やはり「限界」があります。

「全体を把握するまでは部分を問うな」と第5章で申した通り、まずは要点を押さえることが大事です。こまかいことは「さておく」勇気をもちましょう。

分厚い参考書を最初から一字一句もらさないように読み始めると、ほとんどの人は、一〇ページくらいで、もうイヤになります。たとえ、その一〇ページがよくわかっても、あとが真っ白状態では、勉強していないのと同じことです。

それだったら、よくわからない個所が出てきても、かまわず先へ読み進めるほうがよっぽどよいのです。理解度は、一回目の読破ではあまりよくわからなくても、二回目になれば何となくわかるようになり、三回目ではところどころ理解できるようになり、四回目では理解できるところが急増し、そして五回目で何が大事かがわかる……というように深まっていくのですから。

「どうせ何回もくり返すのなら、最初から完璧にやって、一日で終わらせたほうが効率的だ」と考えるのが、完璧主義者の陥る落とし穴です。一回読破するのに一か月も二か月もかかるのなら、一か月で四～五回読んだほうが効率がよく、かつ記憶に残っているものが多いのです。そのことは、本書をここまでお読みになれば、十分におわかりだと思います。

①記憶術は整理術

整理されていないものは記憶しにくい、記憶に時間がかかる、あるいは記憶ができないのです。こまかく書かれた参考書を自分で整理するエネルギーはほかのことに使いましょう。

②基礎結合法を使う

基礎結合法とは、こういうものです。まず、自分が忘れるおそれのないもの（身近にあるよく知っているもの）に番号をふっておくのです。たとえば家から会社までの道順なら、「一番が自分の家、二番が隣のたばこ屋さん、三番がコンビニ……」というように記憶のファイルをつくっておくのです。あとはそれに、おぼえようとするものを連結していけばよいのです。そうすると、会社の行き帰りにそこを通るたびに確認ができますので、自然と記憶できます。

参考書の基礎結合法は、次のようになります。まずは参考書の目次を記憶します（ここで『目次効果』も同時に得られます）それぞれのこまかい項目までおぼえたら、参考書の中身を読みます。また目次に戻ります。目次の項目を見て、その本文に書いてあった要点は何かを想起します。

あとはこのくり返しで、参考書一冊を、まるごと頭の中に入れていくことが可能になるわけです。

これの二点を忘れずに、試験合格の参考書選びをしてください。

# 「ど忘れ」防止法

## 「忘れる自分」を責めるな

テストの最中、「あ、これはテキストのあそこにあったヤツだ」とわかっているのに、それが思い出せない……そんな苦い経験を誰でももっているものです。

メールを書いている時に、「いい言葉が思い出せない」くらいなら何とかなりますが、顔は知っているのに「名前が思い出せない」という場合はかなり困ります。ましてや、テストで同様の現象が起きたら大変です。

そのたった一問ができなかったばかりに不合格になるかもしれません。一般に、試験では、多くの人が合格ラインの線上に横並びでいて、ほんの一問とか二問の正誤で合否が分かれるのですから……。

この「知っているのに思い出せない」という忘却現象を、私たちは「ど忘れ」と呼んでいます。

この項では、「ど忘れ」を防ぐ方法をお教えしますが、その前に、「人というのは、必ず忘れるものである」という認識をもつことが大切です。

記憶の中枢は、脳の「海馬」にあるといわれています。ここに電気刺激をすると、子どもの頃の遠く消え去った思い出までが、ありありとよみがえってくるのです。

ですから、基本的には、自分が見たもの聞いたもの、体験したものは、デジタル記憶装置のように、記憶の貯蔵庫の中に保管されていると思ってよいでしょう。

にもかかわらず、忘れ去るのはなぜでしょう。

忘れることで健全な生活が送れるからだと思うのです。人生のすべてが記憶に残り、その全部が引き出せるとしたら、むしろ大変です。とくに過去のイヤな体験がありありと思い出されるようだと、とても生活ができなくなります。

人間は、「忘れるという能力」をもっていて、自動的に忘却をするようになっているのです。

ですから、忘れてしまうことについて自分を責めないことです。忘却恐怖に陥ったり、忘れる自分を嫌ったり、自信をなくしたりしないようにしましょう。

## 記憶の「呼び水」を用意する

そうはいっても、試験においてのど忘れは致命傷になります。勉強したものは、できるだけおぼえておきたい、必要な時に必要な分だけ思い出せるようにしたいというのが受験生の自然な欲求だと思います。

ど忘れを防ぐもっともよい方法は、前項でも述べた基礎結合法です。自分がよく知っているものと勉強した重要項目とを連結しておぼえる方法です。記憶は、何かを「呼び水」にすることができれば、忘れていても記憶の倉庫からたやすく引き出すことができるのです。

私は、基礎結合法で使う「基礎」を、全部で五〇〇もっています。

一〜一〇〇までの基礎……家から駅前にある銀行までの道順
一〇一〜二〇〇までの基礎……駅前から会社までの道順
二〇一〜三〇〇までの基礎……よく行く〇〇駅周辺の街並の風景
三〇一〜四〇〇までの基礎……よく行く〇〇駅から〇〇駅周辺までの道順
四〇一〜五〇〇までの基礎……—自分の家のドアから家の中にあるものすべて

というようにして五〇〇つくっているので、だいたいのものはおぼえていくことができます。

基礎一つで最低二つは完全におぼえられますので、合計一〇〇〇個のものは、短期間のうちにおぼえることができるわけです。

## これが究極の「カンニング」

ここで「究極のカンニング法」を伝授したいと思います。

よく知っている基礎に記憶を連結していけば、基礎が「想起の呼び水」となって、記憶の倉庫から記憶を呼び戻す……この基礎連結法の「基礎」をテスト会場に持ち込み可能なものにすれば、どうでしょうか。

たとえば鉛筆です。

図のように、鉛筆にはメーカー名やJIS表示など、いくつかの文字が書かれています。この文字を「基礎」にするのです。鉛筆じたいに細工をしているわけではないので問題はまったくありません。細工をしているのは自分の頭なのですから。

やり方は次の通りです。

たとえば、次のような文章があったとします。

「知的財産権には大きく分けて二つある。一つは工業所有権で、これには、特許権、実用新案権、意匠権、商標権がある。もう一つは、著作権といわれるもので、これにはやはり著作者人格権と著作者財産権の二種がある」

　これを鉛筆の文字と連結します。たとえば「High」と「知的財産権」を連結して「ハイクオリティな仕事するには、知的財産権が不可欠である」というようなイメージをつくります。

　次の鉛筆メーカー名「EGAO」は工業所有権と、Jは著作権と連結してイメージをつくってみましょう。「このEGAO鉛筆は工業所有権によって守られている。Jのデザインを考えた人には著作権が与えられている」というようにします。

次は2594と特許権、実用新案権、意匠権、商標権の連結です。たとえば「に《2》っこり笑って特許権をとり、ご《5》苦労を重ねて実用新案を考え、苦《9》難を乗りこえて守り通した意匠権、死《4》んでも渡さぬ商標権」というようなイメージでしょうか。

最後に「B」と「」を、人格権、財産権と連結しましょう。たとえば「B級の作家にも著作者の人格権は認められ、JISマークのない財産でも、著作者の財産権は守られている」といったイメージをもてばいいのです。

試験でもしその問題が出てきたら、バッチリ、「ど忘れ」することなく想起できます。

もちろん、これだけの文字数だと多くのものを記憶することはできません。じっさい鉛筆を通して記憶したものが、試験に出るとも限らないでしょう。ですから、「どうしてもおぼえておきたい」とか「どうにもおぼえにくい」とかいうものだけを、この鉛筆連結法でおぼえておきましょう。

とりあえず鉛筆でご説明しましたが、このように、自分の身近にあるものを基礎にして、連結しておけば、「ど忘れ」は防げるのです。

# リラックスのうまい頭になるために

## 「思考のストップ状態」になぜ急に陥る？

自分の失敗談をひとつ。

私は、受験勉強をほとんどしないまま大学受験に臨みました。「私が旅行に出かければ、必ず晴れる」といった「晴れ男、晴れ女」という根拠のない自信をもっている人がいますが、私も、それに似た、「まあ、何とかなる」という気持ちでした。「今さらバタバタ騒いでもしかたない」と思い、試験会場ではスポーツ新聞を読んでいました。

受験は、失敗しました。やっぱりやることをちゃんとやっておかなければだめだという当然の結果が出たのでした。

ですが、これは当時の私なりのリラックス法だったのです。

日本がサッカーのワールドカップフランス大会初出場で四戦全敗をした時、ある選手がシュートに失敗しても、ニヤニヤ笑ったり、ガムを噛んだりしていて顰蹙《ひんしゅく》を買ったことがあります。「まじめにやっていない」と思われたのです。

しかし、じっさいはそうではありません。あれも、緊張感を解きほぐす彼なりのリラックス法だったのです。

人間は極度の緊張状態に陥ると、全思考、全行動がストップ（制止）してしまいがちです。たとえば、自動車が衝突する瞬間、左右どちらかにハンドルを切ればいいのに、その瞬間、体が硬直し、ぶつかるまで何もできなくなると聞きます。緊張のあまり目が点になるのと同じように、心身も「点」になるのです。「ぶつかるッ」とわかっていても、体が固まったまま動かなくなるのです。

サッカー選手も、決定的瞬間にはやはり自分の体が自分の体でなくなるのでしょう。私たちは、観客席から「こうすれば、ああすれば」と勝手なことが言えるのですが、当人は、やはりあわてるのです。そういった緊張をとり除くのに、ニヤニヤとガムが必要だったわけです。

ちょっとミスをした時、誰もが頭をかいたり、テレ笑いしたりします。それと同じだったのです。

## 「アバウトな人」の強さ

世の中には、プレッシャーに強い人と弱い人がいます。

プレッシャーに弱い人は、一般的に完全主義者でまじめ、融通がきかず、人の目を気にしがちです。プレッシャーに強い人は、非まじめで、頭の回転がよく、人の目を気にしないマイペースの人が多いようです。

プレッシャーに弱い人は、プレッシャーを避ける行動をとろうとします。たとえば、人を避けようとしたり、自分を病気にしたりします。どうしても逃避できないなら、プレッシャーを克服する考え方に切り換えたり、心理トレーニングをしたりします。

たとえば私はプレッシャーに弱いほうです。

そこで、たとえば講演や研修には、前日の準備を何もせずに本番に臨むようにしています。前日に講演の準備を念入りにすると、かえって不安が増大し、当日うまくいかなくなることが過去何度かあったからです。不安が増大して眠れなくなり、当日は頭がボーッとして何も言えなくなってしまいました。

「入念に準備したから、当日、一字一句その通りにしゃべろうと緊張し、そのあまり、頭の中が真っ白になって失敗したんだ」と私は反省しました。それよりも出たとこ勝負で、思いついたことをポンポンと出したほうがリアルな気持ちでお話ができ、かえってうまくいくことも発見しました。

以来、いっさい準備をしなくなりました。これが、大学受験の時と変わらぬ私個人のプレッシャーに強くなる方法なのですが、みなさんはどうでしょう。

## プレッシャーを逆利用する五原則

どの世界に行っても、プレッシャーはつきものです。

プレッシャーを避けて、家の中に閉じこもっても、プレッシャーはなくなりません。いつも目に見えない「社会」という名のプレッシャーを感じています。本人は「このままではいけない。ふつうの人と同じように外に出て、働いて、自分の生活をしよう」と望んでいるのです。それができないのは、社会というプレッシャーといつも闘っているからなのです。

こういう人でさえ、プレッシャーを感じながら生きているのですから、ましてや一般の生活ではプレッシャーを感じないわけはないのです。

ですから、プレッシャーは、うまく利用するしかありません。

一流といわれる人は、プレッシャーをじょうずに利用できる人です。ビジネスの世界でも、スポーツや勝負の世界でも、「ここぞ」という時に、大きな力を発揮できる人は、次の五つの特長をもっています。

①目に見えないところで努力（練習）を積んでいる
②プレッシャーを何度も体験している
③集中する力が人並み以上にある
④日頃からプラス思考をしている
⑤日頃からメンタル・トレーニングを欠かさない

# 「本番力」を高める法



## プレッシャーをもってプレッシャーを制する

前項で述べたことを、順を追って説明していきましょう。

①目に見えないところで努力（練習）を積んでいる

「努力と成果は比例する」――これは絶対的な真理です。

「私はできる」という自信の裏づけは、この努力の量によります。努力が少なければ、成果は少なく、努力が多ければ成果も大きくなります。

勉強の世界でいえば、やはり、合格する人は、合格するだけの勉強をしているのです。勉強というのは「これでいい」と思えることはありません。やればやるほど深くなり、キリがありません。ですが、それでも十分やってきたという満足感を持っていなければ、「いざここで！」という力は発揮できるものではありません。

人と同じような分量の努力では、真の自信にはならないでしょう。人が遊んでいる時に勉強しているという目に見えないところでの努力が、大きな自信を生み出し、強いプレッシャーの中でもすばらしい力を発揮させるのです。

②プレッシャーを何度も体験している

プレッシャーに強く、しかも、そのプレッシャーを利用できる人というのは、プレッシャーの体験を何度もしています。

そのためには、日常生活で、なにごとにも積極的にとり組む姿勢をもつことです。試験の時だけ本気に勉強するのではなく、いつでも勉強をたやさないようにしましょう。会社の中でも、会議やミーティング、責任重大な仕事に際して、人にまかせるのではなく、進んでプレッシャーの中に飛び込んでいきましょう。

その時はつらいと思います。しかし、そういう体験をできるだけ多くしておくことで、少々のプレッシャーではビクともしない強靱な精神が育っていくのです。

修羅場をくぐり抜けた人は、実に強いものです。まさに生きたプレッシャー克服法を実地で身につけるようなものです。がんばってほしいと願います。

③集中する力が人並み以上にある

集中力にはいくつかの段階があります。

第1章で集中力を高める方法をいくつか紹介していますので、それを参考にして、強化してください。

## よい言葉がよい知恵をもたらす

④日頃からプラス思考をしている

プレッシャーを利用できる人は、常に前向きです。常に強気です。常にプラス思考をします。

「できない」とは言いません。「だめだ」とは言いません。「無理だ」とは言いません。「くるならこい」「どんとこい」「何とかなる」「どうってことない」といった言葉がキーワードです。

そういった言葉を常日頃から使っていると、少々のプレッシャーには負けません。いや、むしろプレッシャーを楽しむことすらできます。プラス思考というと難しいようですが、よい言葉を使うことで、よい思考に変わることができるのです。

プレッシャーに弱い人はどうぞ、強気の言葉、よい言葉をもっともっと積極的に使ってください。

⑤メンタルトレーニングを欠かさない

メンタルトレーニングは今に始まったことではなく、昔からスポーツの世界で行なわれていました。

日本で本格的に導入されたのは、ソウルオリンピックあたりからです。「メダルまちがいなし」と思われた選手がバタバタ負けていくのを見て、日本も本格的にメンタルな面での強化をしなければいけないということになったのです。

諸外国ではごくあたり前の練習法でしたが、日本は、メンタルトレーニングよりも、根性、精神力といった観念論が先行していたために、諸外国に比べると、当時で二〇年ぐらい遅れていました。

メンタルトレーニングとは、イメージトレーニングであると思えばよいでしょう。イメージの中で、自分の動きをトレーニングしていくのです。

もちろん、イメージの中で完璧にできても、じっさいの動きはイメージ通りにはなりません。イメージをしてはじっさいにやって、じっさいにやってはまたイメージにもどってトレーニングする。そういうくり返しを通して、より完璧に近い動きができるようになり、かつ弱点を克服していけるのです。

もちろん、勝利の瞬間をイメージすることも忘れてはなりません。表彰台に立って、両手をあげて、声援に応えている自分の姿を描くのです。そういったトレーニングが、勝利をより現実的にしていくのです。

スポーツの世界ばかりではありません。試験でも同じです。試験会場で、冷静になって解答している自分の姿を思い描いてください。

## 本番力を高めるメンタルトレーニング

メンタルトレーニングは、勉強に入る前、また勉強が終わって寝る前のふとんの中でサラリと行なうのが効果的です。

ポイントは、構えないことです。

「さあ、メンタルトレーニングをするぞーッ」と気合いを入れすぎると、かえって努力逆転の法則（23ページ参照）にはまってしまうことがあります。サラリとやることです。

具体的には、次のようにします。

時間はほんの一分～五分ぐらいでオーケーです。

①試験会場に入って席につく姿
②解答用紙と問題が配られる風景
③問題を冷静になって解いている姿
④問題を解いて「できたっ」と万歳している姿
⑥「合格」の掲示板を見ている姿（もしくは合格通知をもらって喜んでいる姿）

そういった流れのイメージをサラリと描くとよいでしょう。

しっかりと試験勉強をし、そういったメンタルトレーニングをしていけば、かなりの確率で願望は現実化していくことでしょう。これも、本番で実力を発揮する一つの方法です。じょうずに使ってください。

以上、「本番力」を高める方法をいくつか紹介してきましたが、できることからやってみてください。

きっと、その効果は目に見えて出てくるはずです。

7章

——「回復力」の強さが勝ち組の条件

# いつも元気の出る頭になるために

# 気分に左右されない勉強法

## 劣等感が勉強を台なしにする

阪神大震災の何年か前にアメリカのロサンゼルスで大地震が起こりました。地震のあと学者たちが子どもたちの学習能力を調べた報告書があります。それによると、集中力や記憶力、理解力などの学習に必要な基本的能力が著しく低下していることがわかったということです。

たしか、阪神大震災のあとも同じような調査が行なわれ、結果はロサンゼルス地震と同様だったように記憶しています。

これらのことから、強いストレスや、心的外傷をともなうほどの強い衝撃は、私たちの「脳力」を減退させるということなのです。

俗に「できない人」という人がいます。

この人たちは頭が悪いのかというと、決してそうではありません。学校の成績は非常に優秀であることも結構あります。私がカウンセリングをした人の中にも、何人かそういう人がいました。

そのうちの一人の男性（仮にAさんとします）は、バブル期の絶頂という好環境の中にあっても無職でした。彼の大学時代の成績を見せてもらったことがありますが、すべて「優」に近いことに驚かされました。バリバリ仕事をする能力は十二分にもっているのです。

しかし、じっさいには、大学を出て公務員になったものの、四〜五年で退職してしまい、その後はアルバイトを転々とするだけで、四〇代になろうかという年齢になっても仕事につけないありさまでした。

なぜでしょう。Aさんは強度の吃音《きつおん》（どもり症）だったのです。対人関係に非常な苦痛を感じている人でした。自分が吃音であることに負い目を感じていたそうで、話も遠慮がちでシドロモドロ。うまく自分の気持ちを相手に伝えられません。

人とのコミュニケーションがちぐはぐになりがちで、テンポがずれてしまうとなれば、ものごとは悪循環となってしまいます。やることなすことうまくいかないのもムリはありません。

Aさんは、強い劣等感のために、自分のもっているせっかくの能力まで萎縮させてしまったといえます。

## 人の目を気にしなければ毎日がうまくいく

一方、自分の劣等感を逆利用して会社の社長になり、年収一〇〇〇万円以上を得ている男性がいます（仮にBさんとしましょう）。

彼が私のところにカウンセリングに来た時は、想像を越えたチック症で悩んでいました。緊張が高まると、体がパンッ、パンッとはねるように飛んでしまうのです。

当然、まわりの人たちは彼を奇異な目で見ます。それを感じると、また体がはねます。チックの症状が出るのはところかまわずですから、本人にしてみれば、たまったものではありません。

しかし、Bさんには上昇思考が強くありました。「やがて月収一〇〇〇万円以上をとる」ことが夢でした。

彼は私と出会ってから一年後、ついに独立。自分の奇異なクセを逆に利用して、顧客を獲得していったのでした。人より劣る面があっても、それを上回る誠実な仕事ぶりが顧客の心を感動させ、信用を厚くしていったと聞きます。

何年ぶりかで会うと、彼は結婚し、立派に事務所も構え、まさに年収一〇〇〇万円以上の堂々たる風格をもっていました。

ここで、AさんとBさんのちがいに注目していただきたいのです。

どちらも強度の吃音とチックという悩みをもっています。にもかかわらず、片や無職、片や年収一〇〇〇万円の社長さん。この差はどこにあるのでしょうか？

Aさんは、人の目をいつも気にしながら生きていました。つまり、視点は「人の目」だったのです。人の目を意識しながら生きていたから、いつも精神的にビクビクすることになり、心が休まらなかったのです。

一方Bさんは、目標を達成することを意識しながら生きていました。つまり視点は「目標の達成」にあったのでした。

Bさんだって、人から奇異な目で見られるわけですから、人の目が気にならないはずがありません。じっさい、最初に会ったころは、BさんはAさんとまったく同じに見えました。

しかしBさんは夢をもち、その実現に視点を置いて努力していきました。人がどう見るか、人がどう思うかを過剰に気にしていたら仕事ができないし、夢の実現も進みません。この差が、気分に左右されない生き方につながっていくのです。

## 「気分」の制御がうまい人、へたな人

「心」はなぜ「ココロ」と読まれるのでしょう。昔は心のことを「コロコロ」と言っていたという説があります。「コロコロ」が、やがて転じて「ココロ」と言われるようになったというのです。

つまり心とは、コロコロ変化するものであるということです。

私の教室では、よく「心というのは、天気と同じだ」と言っています。晴れの日もあれば、曇りや雨の日もある、また、雪もあれば嵐の日もあるのが心なのだと申しあげているのです。

もっと厳密な言い方をすれば、心は刻一刻と変化していると思ってよいでしょう。気分がよかったり、カリカリしたり、欲にとらわれたり、まじめな気分になったり……一分間たりとも同じ姿をしていないのが心です。

でも、これだけは毎日実行
①目次一覧表を見る
②テキストの視読
人の心の中をのぞいてみれば ポリグラフのように常に動いている

とはいえ、勉強をする上では、心ひとつで勉強をしたりしなかったりでは困ります。

心がコロコロ変わるのはしかたのないこととしても、せめて気分はコントロールしなければなりません。

気分がいい時はガーッと勉強するけど、ちょっとでも不快な気持ち、苦痛があれば勉強しないというような大波、小波の中で勉強をしていては、いけません。気分に左右されずに勉強していくことこそ大切です。

では、気分に左右されない勉強法というのはあるのでしょうか？

もちろんあります。

まず大切なことは、気分の浮き沈みはどんな人でもあるという認識をもつことです。「気分の浮き沈みがあってはならない」と思えば、逆に気分に引きずられてしまうことになってしまいます。ですから、「気分の浮き沈みはあってもよい」と肯定することがまず大切です。

次に、気分の浮き沈みがあっても変わらぬ勉強のパターンをつくることが大切です。それについては二つのことを提案しておきます。これまでもくり返し強調してきたことです。

①勉強を始める前に、必ず目次を見る（読む）

「目次集（巻物）」（155ページ参照）をつくった人は、それに必ず目を通すことです。

②勉強を始める前に、必ずテキストの全ページに目を通す

これを「視読」といいます。パラパラでよいですから、勉強したところもしていないところも全部目を通すことです。

以上、この二点だけは最低、必ず毎日実行してください。気分が乗ろうと乗るまいと、お酒を飲んでいようといまいと、疲れていようといまいと、やる気があろうとなかろうと実行をお願いします。

たった二点です。毎日の習慣である歯みがき、洗顔などと同じようにやれないわけがありません。

この二つだけは最低必ずやっておくと、復習、予習を同時にすることになるばかりか、常に頭に刺激を与え、意識の持続をしていくことになるので、高速学習をしていくことになるのです。

これだけでもあなたの勉強に大革命が起こると思います。

## 頭をクリアにするリラクゼーションの方法

もしできたらの話ですから、気分が乗った時におやりください。それは、簡単な頭のリラクゼーション法です。

リラクゼーションの方法もいくつかありますが、これがもっとも一般的な方法だと思います。心理療法の一つでもある自律訓練法の簡略版です。

次の順序でおやりください。

①腰かける

イスの上に、ゆったりと腰かけてください。両手は太ももの上に置き、目は軽く閉じます。

②息を吐く

息を口から吐き出します。吐いたら自然に息を吸って、はい、吐き出します。あとは自分のペースで呼吸をします。

③「落ち着いている」とつぶやく

自分のペースで呼吸をしながら、「今とても気持ちが落ち着いている」と心の中で三回つぶやきます。

④「両腕が重たい」とつぶやく

次に、両腕にさりげなく注意を向けましょう。そして「両腕が重たい」と五回心の中でつぶやきます。

⑤「落ち着いている」とつぶやく

最後に、もう一度、「今とても気持ちが落ち着いている」と、心の中で、三回つぶやきます。

⑥背伸びをする

以上が終わったら、目を軽く開けて両手を組み、グーッと背伸びをします。これを一

CLEAR
頭の中をクリアにし、気分を切り換えることができる！
リラクゼーションの姿勢
両手を組み背のびを２回する
消去運動のし方

回すれば十分です。

ここまで、約一分〜一分半でできます。たったこれだけでも、頭の中をクリアにし、気分を切り換えることができます。

私が直接指導する時は、これを三回連続して一セットにするのですが、みなさんはこの一回分でよいでしょう。

このリラクゼーションと、先ほどの目次読みを、勉強を始める前にやれば文句なしです。

ただ、このリラクゼーションに関しては、場所を問わずいつでもどこでもできますので、気づいた時にいつでもやる習慣をつけるとよいと思います。

# 「結果先どり法」を使え



## 強く願うことから実現する

人はいろいろな願望をもって生きています。願望を実現させるにはどうしたらよいのだろうと、今まで、多くの人たちが願望実現法を説いています。

その中でもっとも一般的で、もっとも重要な方法を一つご紹介しておきましょう。

「結果先どり法」という方法です。

簡単にいえば、「自分の願望がかなった時のイメージを描く」方法です。イメージを利用して、結果（願望がかなった時）を先どりしていこうとするわけです。「かなったつもりになる」、「もうかなったように振るまう」「その気（かなった気）になる」ということです。

私はこの「結果先どり法」を得意としています。時にはいきすぎて身内の者から顰蹙を買うほどです。

つまり、私は「すぐその気になる」のです。よくいえば、イメージ力が豊かなのでしょう。悪くいうと、お調子者で、慎重さに欠けるといえます。

ですが、私の体験上、「結果先どり法」で自分をその気にさせると、ネガティブ（マイナス）に考える（イメージする）よりも、人生そのものが前向きで積極的になりますし、実現力を強烈に推進できます。

これを実践して天下をとったのが豊臣秀吉です。いくら戦国時代とはいえ、百姓の子だった男が天下をとるなんて「夢のまた夢」にちがいありません。人がみな大ボラ吹きと彼を揶揄したのも当然です。

けれど秀吉はめげません。バカにされても、臆せず大ボラを吹いては実績を積んできました。

そうなのです。ホラを吹いてもよいのです。ホラを吹いたら吹いた分、実績を積んでいけばよいのです。

「俺は会計士になる。会計士になったら、年に三回は海外旅行をし、外国に別荘をもつんだ」「私は有名人になる。大勢の崇拝者に囲まれ、今までバカにしてきた人たちを見返してやる」など、何でもいいのです。そうやって大ボラを吹いて、その気になって生きていけば、人生はその方向に向かっていきます。

これが、願望実現の基本です。

## 表の願望と裏の願望

願望と目標は同じように見えますが、一つのちがいがあります。願望には時間制限がないが、目標は時間制限があるということです。願望は実現までの「時間の設定」をすることで目標になると言い換えてもいいでしょう。

願望を実現させるためには、まず目標をもつことです。「〇年〇月までに達成する」と自分自身に宣言し、断言し、一つ一つの目標を達成させていきましょう。

これが「実績を積む」ということなのです。

実績を積むと、おもしろいことが起こります。「類友の法則」が働き始めるのです。自分に必要な協力者、賛同者、情報などが自然に自分のまわりに集まってくるようになります。まさに、「類は友を呼ぶ」ようになるのです。

そうすると「陽（プラス）の循環」が回り始めます。目標達成に加速がついていき、

人は常にこの2つの願望を
天びんにかけている
『どちらが重いか』で現象
が変わる
裏の願望
表の願望

願望実現の連鎖が起こっていきます。こうなれば、怖いぐらいにものごとがうまく運ぶようになります。

願望実現についてもう一言申しあげておきましょう。

私は常日頃から「願望は必ずかなう」と申しあげております。これは、ほぼまちがいのない真理だと思っていますが、じつは願望は一つではないのです。願望には二種類があります。

「表の願望」と「裏の願望」です。

それを具体的にあげてみましょう。

たとえば「人前で堂々としゃべりたい」という願望をもっている人がいるとしましょう。あがり症の人の場合、これが「表の願望」です。この願望の裏には何かが隠されています。そうです。「失敗したくない、笑われたくない、恥をかきたくない」といった負の願望です。これが「裏の願望」です。

私たちは、この表の願望と裏の願望を、意識するしないにかかわらず、心の中で天秤にかけています。

そして、どちらの願望が強いかで、現象の表われ方が変わります。

たとえば、表の願望では「堂々としゃべりたい」と思いながら、結果的に、やはりあがって堂々としゃべれなかったとしましょう。この時、この人の願望はかなわなかったように見えます。

しかし、願望はこの人にもちゃんとかなっていたのです。

「堂々としゃべりたい」と願望しながら、なぜあがってしまったのかというと、「失敗したくない、笑われたくない、恥をかきたくない」という裏の願望が表の願望より強かったためです。裏の願望（恐怖）が形を変えてかなってしまったのです。

つまり、願望は、表であろうと裏であろうと、どちらかが必ずかなうようになっているのです。

## 「自分を守る気持ち」を捨ててみよ

では、どうしたら、表の願望だけを実現させることができるのでしょうか。

願望実現には一つの大鉄則があります。

「何かを得ようとするなら、何かを捨てなければならない」

という鉄則です。逆に言うなら、「何かを捨てれば何かが得られる」ということです。

ということは、この場合、表の「堂々としゃべりたい」という願望を達成したいのなら、裏の願望である「笑われたくない、失敗したくない、恥をかきたくない」という恐怖を捨てればいいといえます。負の思いが強いから、表の願望達成の足をひっぱって結果的にあがってしまうのです。

では、どのようにして捨てればいいのでしょう。

「笑われたくない」→「笑われてもいい」

「失敗したくない」→「失敗してもいい」

「恥をかきたくない」→「恥をかいてもいい」

と、自分を守る気持ちを投げ捨てることです。そうすれば、少々あがっても怖くなくなり、逆に、みんなから笑ってもらってうれしいと思えるようになり、やがて、堂々としゃべれるようになるのです。

裏の願望を捨てることがポイントになるわけです。

勉強においても同じことがいえます。

「試験に合格したい」という表の願望の裏には「勉強なんかしたくない」「面倒くさい」「遊びたい」といった裏の願望があることに気づくべきです。裏の願望が強ければ、裏の願望のほうが実現してしまうでしょう。裏の願望を捨れば試験に合格することになりましょう。よく自分の中の両方の願望と相談してください。

さて、結果を先どりするには、次の二点に注意して実践してみてください。

①すぐその気になること

気軽さが必要です。もちろん、裏の願望は捨ててください。

②イメージトレーニングをすること

リラクゼーションをしている中で、自分の願望がかなったイメージを描くのがもっともよい方法です。ただし、イメージだけに懸命になるのではなく、じっさいの行動を忘れないようにしてください。

# プラスに考えると思考が加速する

## 一点集中の驚くべき威力

「針はなぜ布を通るのか」を考えてみてください。

なぜだと思いますか？

私は、針先に力が一点集中していくからだと思います。それゆえに、布を通るのだと思います。

同じことが、あちこちでいえます。雨だれが一点に落ち続けていくと、石にさえ穴をあけます。まさに「雨だれ石をもうがつ」です。

人間の思考も同じです。一点に同じ思いを持ち続けていくと、人生をも、思考をも変えていくことができます。

その最たる例が、「念仏」です。「ナムアミダブツ」などのように同じ言葉をくり返し唱えることで、人間の中に眠る大いなる力を発揮させることができます。歴史をひもとくと、「ナムアミダブツ」と唱えながらの大規模な一揆《いっき》が何度も起きています。いわゆる一向一揆です。死を賭した一揆に人々をかりたてるほど、念仏は人の思考を変えていくことができるのです。

ここに注目してほしいと思います。

何かを成就させようとする時、自分の意識改革をすることが重要ですが、その際、この「念仏法」を活用してみてはどうでしょうか。

## 否定思考を全否定するな

「念仏法」を活用する前に、なぜ肯定思考が必要なのかを申しあげておきましょう。

心がマイナス思考で支配されていたら運命もマイナスに向かって展開していきます。

営業成績をあげたいと思っていてもあがらないのは、マイナス思考が強いからです。

資格試験に合格したいと思っていながら合格しないのは、マイナス思考が強いからです。成功者になりたいと思っているのになれないのは、マイナス思考が強いからです。

マイナス思考とは、否定的思考（否定思考）のことをいいます。

針は力が一点に集中していくから布をつきぬけていくナムアミダブツ……!

否定思考には三通りあります。「自己否定」と「他者否定」「全面否定」です。

自己否定は、文字通り自分を否定します。自己否定的な人は、何をやるにしても自信がなく、劣等感をもち、発展的、建設的な考え方ができないので、おとなしい性格に見えます。

他者否定は、他人を否定することで自分の優位性をはかろうとする思考です。他者否定的な人は、何事にも文句が多く、人にケチをつけたがります。自分のことは棚にあげて人の批判をしますので、対人関係でトラブルをおこしやすいのが特徴です。

全面否定は、自分に対しても、他者や

社会に対しても否定的な思考です。こういう人は、犯罪を起こしたり、自殺することすらあります。

こうしてみると、否定的思考はあまりよくありません。

しかし、否定的思考は一〇〇パーセントだめなのでしょうか。決してそうではありません。

人間が生きる上で、否定的思考は自分を守ることに役立つ場合が多々あります。「スピードを出しすぎてはいけない」と否定思考するから安全運転ができるのですし、「人に石を投げてはいけない」と否定思考をするから安心した生活が送れるわけですし、「ギャンブルでは家が建たない」と否定思考するから堅実な生き方ができるわけです。否定思考も時には必要なわけなのです。

ですが、ものの考え方の大半が否定的であれば、自分の行動はもちろん、頭の働きも悪くなりますし、また、自分の持っている能力を発揮できなくなってしまうことが多いのです。

それゆえに、肯定的思考をできるだけ持つようにしたほうがよいということになるわけです。

## 自分に「奇跡」をもたらすもの

「念仏法」は、自分を発展させる、自分の能力を発揮させる、自分を成功に導く——そのために使うことが大切です。

たとえば、「私はだめだ」という考え方にとらわれている人がいるとします。そういう人が、この念仏法を使う時に「私はだめではない、私はだめではない」といくら念仏を唱えても効果はありません。「だめでない」と否定しているから、だめなのです。

こういった時、どう自分に対して念仏を唱えればいいでしょうか。そうです。第1章でふれたように、たとえば、こうします。

「私には能力がある、その能力は発揮されつつある」

本人が信じるか信じないかは別にして、じっさいに何らかの能力があるのは事実だし、その認識をもって勉強に仕事に励んでいけば、いやでも能力は発揮されていくのですから、これはまちがった言葉ではありません。

あとは、この言葉を念仏のように、何回も何回も心の中で、時には声を出して唱えることです。宗教などでは、これを日に何十回、何百回、何千回と唱えていくわけです。

そこに宗教的奇跡の源があるのかもしれません。

## 心に「ブレーキ」をもつな

私は催眠療法もやっていますので、その人に合わせた言葉を一緒に考えます。そして、時には他者催眠によって、その人の潜在意識に暗示語をインプットしていきます。

ですが、最近は自己催眠で自己暗示していく方法をメインに指導しています。

実は、念仏法というのは、「自己暗示法」のことなのです。イメージとして念仏という言葉のほうがピッタリくるので、あえて、自己暗示法ではなく、念仏法と申しあげたのです。

そこで、自己暗示語として有名な言葉は、106～107ページでふれた通り、「日々にあらゆる面で私はますますよくなっていく」です。

私は二〇代前半の頃、自律神経失調症になり、死んだ青春を送っていました。食うものはない、金はない、女はいない、あれはない、これはないの、まさにないないづくしでした。

そこで、自分を救う言葉をいくつか活用したのですが、そのうちの一つが、この「日々にあらゆる面で～」でした。寝る前はもちろん、日常でも気づいたら、この言葉をつぶやいていました。

私は、中学一年の時の知能指数は一三六。いわば天才的脳力をもっていたのでした。ところが、落ち込んでいた当時の知能指数は九〇。平均以下まで下がっていました。人間の脳は使わなければ退化します。私はまさにそのような生き方をしていたのです。なぜ、そこまで落ちたのかというと、当時の私は徹底した否定的思考の持ち主だったのでした。

それが、今、こうして再生し、再びこの社会という舞台に復活しました。再生の一つのきっかけとなったのが、「日々に～」なのです。

これを今、一〇〇回つぶやく(暗示する)ことをしても、すぐ自分の脳が再生するということはありません。しかし、日々に、そういう肯定的、プラス思考的な言葉をつぶやいていると、やがて私のような人間でも再生し、社会に復活していけるのです。

もし、みなさんの中で、私の個人指導をご希望の方は、巻末の連絡先に、お気軽にお問い合わせください。一緒に考えて、一緒に再生していきましょう。必ず再生します。

# スピード化に耐える「脳力」の鍛練

## 脳細胞が減っても知恵が増えるのはなぜ?

筋肉の超再生理論をご存じでしょうか。

筋肉はトレーニングをすると、筋細胞が疲労し、損傷を受けます。そこで二日ぐらい休息させます。すると、栄養の補給と筋組織再生によって、トレーニング前よりも筋肉は増強するのです。この時期を超再生期といいます。アスリートは、そこを狙ってトレーニングをするために、筋肉が肥大化していくというわけです。

筋肉には休息が必要であり、休息の間に筋肉は育っていくということです。ダンベルやバーベルを持つから筋肉モリモリになるのではなく、休息するから再生し、肥大するのです。

脳は二〇才をピークに、徐々に衰えるといわれます。一日一〇万個の脳細胞が死ぬと

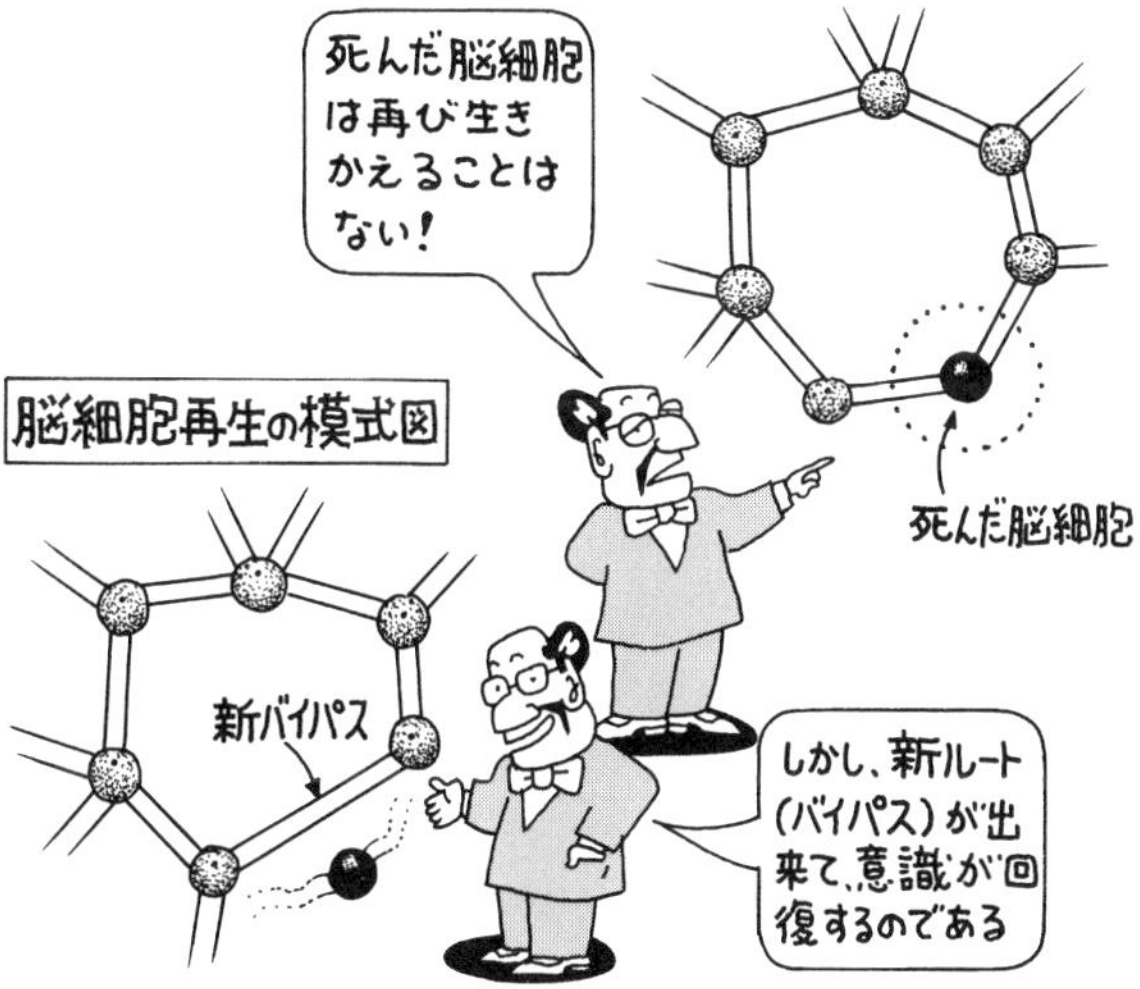


されているほどです。

一四〇億個の脳細胞が全部死ぬには三〇〇年以上かかりますから、心配はいりませんが、脳に刺激を与えなければ脳細胞の死滅は加速しますから、若いといえども油断はできません。最近は早い人だと三〇代でも痴呆が始まるといいます。

では、脳細胞は、筋肉同様、再生するのでしょうか。

答えはイエスです。

たとえば脳卒中などの脳疾患で無意識状態になっている人に対しても、理学療法士は体を動かすリハビリを始めます。体に刺激を与えることで、まだ生き残っている脳細胞に働きかけるのです。すると、無意識状態から意識が早く回復しますし、自力で車イスで移動するまでに機能が回復していきます。

これは、死んだ脳細胞がそのままよみがえるからではありません。生き残った脳細胞が、新ルート（バイパス）をつくり、旧ルートを補っていくからです。

となると、「頭がよくなる」習慣を自分でつくれば、脳は今よりもレベルをあげることができることになります。

## 「疲れない脳」になる五つの経験則

では、どんな方法があるのでしょうか？

①休憩をとる
②朝食をとる
③動体視力を高める
④歩く
⑤リラックスする

の五つです。順を追ってご紹介しましょう。

①休憩をとる

前述のように、筋肉は筋トレによって疲労し、破壊され、休養している時に育ちます。脳も同じで、二四時間一睡もせず、何日間も勉強し続けたら、ご存じの通り、破滅してしまいます。断眠実験によれば、一〇〇時間も眠らないと幻聴、幻覚が起こり、正しい判断ができなくなるといいます。

脳の機能を回復させるには、休息は不可欠です。

いちばんの休息が、睡眠なのです。

ただ長時間眠ればいいというものでもありませんが、やはり六〜八時間は眠りたいものです。

ナポレオンは一日三時間しか眠らなかったといいますが、じっさいは昼間や仮眠で補っていたと何かで読んだことがあります。私の今週の平均睡眠時間は三〜四時間です。今日などは一時間半しか寝ていません。足りない部分を補っているかというと、電車の中です。五分でも座れたら、即睡眠態勢に入ります。こうして、少しでも脳を休ませておきます。

その際、入眠時にちょっと自己暗示をすると、より効果が出ます。たとえば、

「これから一〇分間眠る。一〇分後にはスッキリ目がさめる」

こんな一言でいいのです。これをしないで眠ると、電車内でうっかり寝すごしてしまうことになるのです。

## 脳の「直結器官」鍛練術

②朝食をとる

私は、二〇代、三〇代はほとんど朝食をとらずに出かけていました。エンジンがかかるのが「アフターファイブ」。だいたい一日中ボーッとしていることが多かったように思います。慢性的な睡眠不足以上に「朝食をとらない」ことのほうが大きな原因とわかりました。

一九九八年、アメリカで、朝食をとったグループと、とらなかったグループとに分けて、知能テストを行なう実験をしました。すると、朝食をとったグループのほうが成績がよかったといいます。

「頭をよくする」ことを望んでいるのに、頭をよくするための習慣を身につけないでいることは問題があります。ぜひ、朝食はとるようにしてください。

①電車内で窓ワクを
利用して視点移動
の練習をしておこう
②ドア付近に
立っているときは
線路の枕木
を見る練習
動体視力を
高めよう…!

③動体視力を高める

動体視力とは、動いているものを見きわめる視力のことです。

スポーツ選手は、この動体視力のよしあしで成績が左右されます。学習面では、速読に動体視力が必要です。

人は、程度の差こそあれ、みな動体視力をもっています。けれど、年をとるにつれてだんだん劣っていきます。年をとると何かと反応が鈍くなるのは、一つはそのせいです。逆に動体視力の優れた人は、年をとっても元気なのです。

となると、動体視力を鍛えておけば、脳の回復、再生ができるばかりか、脳を活性化させ、年をとるのを遅らせることが可能ということになります。

通勤電車の中などでも簡単にできる練習法をご紹介しておきましょう。
・電車の窓ワク利用
上下に視点を動かしたり、左右に動かしたりします。
・ドア付近に立つ
電車の線路の枕木を追う練習をします。
・すれちがう人を利用
すれちがう対向車内の人の顔や人数を瞬時に見きわめる訓練です。
④歩くこと
筋肉を鍛えることは、脳の働きを活発にします。プロスキーヤーの三浦雄一郎氏は、七〇歳でエベレスト登頂を成功させました。すごいなあと感心させられますが、筋肉が弱っていたら、とてもできることではありません。

筋肉を鍛える一番簡単な方法が歩くことです。しかも、サッサッサッと歩くことを実践すれば、いつまでも若々しい頭脳を持つことができます。

歩くことでハッと思いがけない発想（アイデア）が浮かんでくることがありますが、

これは、むしろのんびりと歩いた時に多いものです。

⑤リラックスする

リラックスすることは休息と同じですが、実は休息には積極的な休息と受動的な休息があります。意図的に温泉に行って気分転換をはかったり、睡眠をとったりするのが積極的休息です。受動的休息というのは、気がついたらボーッとしていたというような受け身の休息です。

テレビを見るとはなしに見ていたり、無念無想で空を眺めていたりする頭の中が空っぽな状態が受動的休息。これをリラックスといいます。

以上のような方法を心がければ、脳は回復していきます。

車でいうと、ギアを入れていないニュートラルの状態をつくればいいのです。その意味からすると、「動体視力を高める」や「歩くこと」は、ややギアが入る状態に見えますが、脳の機能回復、再生を考えた場合、他と同じ位置にあると思いましたので、この章に組みこんでおきました。

参考にして、お役立てください。

# 自分を成功に導くチェックリスト



## 「成功に向かう道」の歩き方

「独来独去、独生独死」という言葉があります。

人間は一人で生まれてきて、一人で死んでいくものだという釈迦の教えです。人間は、本来孤独な存在だといえます。

それゆえに人と人との出会いを大切にしなければならないのでしょうが、勉強もまた同じです。

勉強は孤独な作業の連続です。自分の心の状態がそのまま、勉強する姿に反映され、かつ成果に反映されてきます。

心が荒れていれば、勉強する気にもなれないでしょう。

希望に燃え、目標がしっかりと定められていれば、勉強の質は高まり、成果も希望通りになることでしょう。

まさに、人生の成否は自分の心しだいとなります。

人生の成功者となるには、成功するための考え方をし、成功するための生き方をすればよいということになります。

これからは、人生成功のための考え方、生き方をしていこうではありませんか。そのために、自分を成功へ導く「日々のチェック」をしていきましょう。

まず、チェック事項の例を提示しておきますから、みなさんはその中から自分にあてはまるものを抜き出し、それを机の上に貼っておいたり、手帳にはさんでおいたりして、いつも目に触れるようにしておいてください。

それだけで、心の中にフッと顔を出す、怠け心やスランプ、マンネリ感がなくなります。

①朝○時に起きる（例／朝五時に起きる）

②朝食前に○○の勉強を三〇分する（例／朝食前に英語のヒアリングを三〇分する）

③朝食前に今日一日やるべきことの優先順位を決める

④朝食をきちんととる

⑤通勤時に○○をする（例／通勤時に法律の条文を一〇個おぼえる）
⑥隙間時間を見つけて○○をする（例／隙間時間に英単語を二〇個おぼえる）
⑦仕事が終わったら○○で○○の勉強をする（例／仕事が終わったら自習室で英語の問題集を解く）
⑧帰りの電車の中で○○をする（例／帰りの電車の中で法律の条文を一〇個おぼえる）
⑨風呂の中で○○をする（例／風呂の中で法律の条文を思い出してみる）
⑩寝る前に一時間○○をする（例／寝る前に、一時間英文を読む）

このように、自分にできること、すべきことを書き出し、それをチェック事項とします。内容は人によってちがいますから、チェック内容は自分にふさわしいものにしてください。

チェック事項はできるだけ具体的に書きます。じつは、左表の一〇項目は少々抽象的すぎます。

たとえば、「英単語を二〇個おぼえる」と書いてありますが、英検なのかＴＯＥＩＣの単語なのか、人それぞれちがいますし、またレベルによっておぼえるものもちがってくると思います。

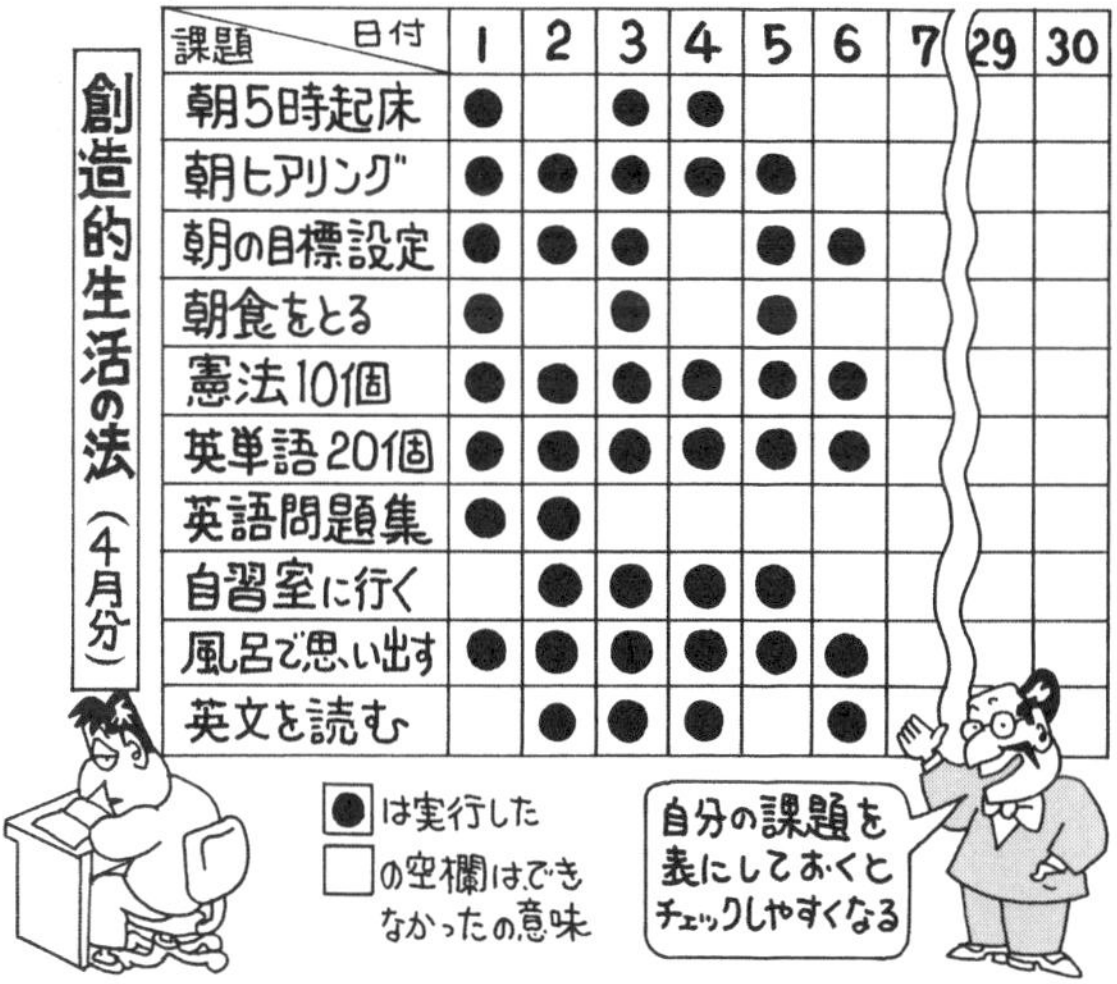
創造的生活の法（4月分）
●は実行した
□の空欄はできなかったの意味
自分の課題を表にしておくとチェックしやすくなる

| 課題＼日付 | 1 | 2 | 3 | 4 | 5 | 6 | 7 | 29 | 30 |
|---|---|---|---|---|---|---|---|---|---|
| 朝5時起床 | ● | | ● | ● | | | | | |
| 朝ヒアリング | ● | ● | ● | ● | ● | | | | |
| 朝の目標設定 | ● | ● | ● | | ● | ● | | | |
| 朝食をとる | ● | | ● | | ● | | | | |
| 憲法10個 | ● | ● | ● | ● | ● | ● | | | |
| 英単語20個 | ● | ● | ● | ● | ● | ● | | | |
| 英語問題集 | ● | ● | | | | | | | |
| 自習室に行く | | ● | ● | ● | ● | | | | |
| 風呂で思い出す | ● | ● | ● | ● | ● | ● | | | |
| 英文を読む | | ● | ● | ● | | ● | | | |

また、「法律の条文を一〇個おぼえる」にしても、憲法なのか民法なのか、それとも刑法なのか、それぞれしっかりと区別して書くことです。

こうして具体的に書いておけば、具体的に実行できて、具体的な成果が出てきます。

私は、図のような「創造的生活の方法」と題した自己チェック表を、B4の紙でつくり、机の前に貼り出していたことがあります。

左端に課題を記し、右に三〇日分のチェック欄をつくっておくのです。ちゃんと実行できたものは●印、できなかったものは空欄にしておきます。

こうして表にしておくと、何ができて、何ができなかったかが、一目でハッキリとわかるのです。

## 「八〇点」も継続すれば「満点」の結果になる

評価は一〇〇点主義にしないで、八〇点主義にするとよいです。一か月やってみて、全体的に八割できれば上等とするのです。そのように、チェックをややゆるめにしておけば、長く続けることができます。

この表は、いつも目につくところに貼るのが望ましいのですが、パソコンに入力しておくのも悪くありません。メールをチェックするのと同じように、自分のチェックもするのです。

一か月ごとに更新しましょう。

場合によっては、当初の目標が達成され、新しい課題が入ることもあります。日を決めて更新するのです。もちろん、前月と同じ課題を続ける場合は、そのまま継続させればよいのです。

こうして、自分で課題を決めて、自分でその課題をこなしていくと、とても知的で創造的生活ができるようになります。

人生に野心をもつ人は、これもひとつの方法ですので、ぜひ、試してみてください。自分の将来が楽しみになっていきますよ。

# あとがき

この二か月で、私は二冊の本を書きました。

私は作家ではないので、朝から自宅にこもって本を書くことはありません。昼間も夕方も仕事をして、夜帰るのは早くて九時、平均するとだいたい一〇時前後です。となると、本を書く時間は夜中になります。しかし、それでは間に合いません。どうしても隙間の時間を利用しなければなりません。一五～二〇分あれば一ページ分の原稿が書けますから、その時間を見つけては書きました。書く内容は、速く考え、速く読むことで頭の中に準備しました。

そういう意味で、本書を書くことは、私自身にとっても、勉強と時間の高速化のよい実践になりました。

執筆にあたっては、成美文庫の拙著『記憶力30秒増強術』から引用をしたほか、次の本を参考にさせていただきました。

『脳をよくする簡単トレーニング』（タツミムック　辰巳出版）

『自己暗示』（C・Hブルックス／E・クーエ著　河野徹訳　法政大学出版局）

最後になりましたが、本書の執筆にあたり、成美文庫の道倉重寿氏と、企画から編集の細部にまで手腕を発揮していただいた吉田宏氏に心より感謝申しあげます。

なお、本書に対するご質問及びお問い合わせは、左記の通りです。

〒336-0921　埼玉県さいたま市緑区井沼方六四二-一〇一
日本ブレインアップジム
電話〇四八-八七五-九〇二三

案内書ご希望の方は、無料でお送りいたします。お気軽にお問い合わせください。

読者のみなさんの活躍を切に祈っております。

ありがとうございました。

本書は成美文庫のために書き下ろされたものである。

成美文庫

# 超「高速」勉強術

著　者　椋木《むくのき》修《おさ》三《み》
発行者　深見悦司
発行所　成美堂出版
〒162-8445　東京都新宿区新小川町1-7
電話(03)5206-8151　FAX(03)5206-8159
印　刷　大盛印刷株式会社



ISBN4-415-07026-4

「出会い運に強い人」10の習慣　樺旦純

マイナスの思い込みや口癖などで素晴らしい人を逃していないか。上司や顧客、友人や異性に恵まれるコツを伝授する！

「会話の心理戦」で絶対負けない法　樺旦純

理屈や圧力では人は従ってくれない。肝心なのは相手に思い込ませる技術なのだ。「動かされる人」から「動かす人」になる本。

30秒「自己診断」心理テスト　樺旦純

「知らない自分」が自分を動かしている。思いもよらない心の中をもっと探ってみよう。欲望が不思議にかない始める！

イヤな相手にズバリ切り返す反撃術　樺旦純

相手が二度と手を出さなくなる心理術を特別伝授。「バカ」とかかわる時間を最短にすれば、仕事も人生もうまくいく！

男と女の心理学ノート　樺旦純

錯覚、暗示、揺さぶり…を、こんな時にこう与えれば、相手は恋におちやすい！恋となればそれはもう錯覚ではないのだ。

「心の底」が読める心理学ノート　樺旦純

本音は無関心？　それとも悪意？　迷いはもうなくなる。相手の正体がわかれば安心だ。仕事が楽になる。人生が好転する。

仕事がうまくいく心理学ノート　樺　旦純

客は商品より「行列の長短」に動く。上司は部下を「印象」で評価する。あなたは…？　ビジネス心理戦に必ず勝つ技術。

「だまされない人」になる心の護身術　樺　旦純

嘘、ワナ、暗示、口車……被害者はなぜいつもおなじ人？　つけ込まれやすさの心理学と、「守る」「反撃する」最強技術。

「逆に考える」人が成功する　轡田隆史

「頭を下げるな」「人を不平等に扱え」「自分本位になれ」などの非常識発想が一流人をつくった！　自分の壁を破る74の逸話集。

仕事は整理の速さで決まる！　壺阪龍哉

単なる「片づけ上手」では仕事は効率化しない！　能力アップに直結する時間の使い方、情報の捨て方、行動の変え方。

超「高速」整理術　壺阪龍哉

この「考え方」と「小道具」だけで書類の山、データの混雑からすぐに脱出できる！　十倍速く仕事をこなす魔法の習慣。

人生「大逆転」の成功法則　名倉康裕

どうすれば失敗は成功に逆転できるのか。弱さを強さに、不運を強運に逆転できるか。自信を具体的に積み上げる行動革命。

5分でYESと言わせる説得術
西村　晃
うまくいかないのは「技術」がないからだ。「最初の1分」の攻め方から、心をつかむ「最後の数分」までナルホドの86ポイント。

速効！ケータイ仕事術
西村　晃
共通ツールだからこそ使い方で極端な能力格差がつく。気づき力が倍増し、時間のムダが激減する驚愕連続のテクニック。

脳を鍛えるやさしいパズル
西村克己
三＋四＝□のクイズ思考はもう限界。□＋□＝七のパズル発想に頭を切り換えよ。論理と数字に強い戦略脳が目覚める本！

「論理力」が身につく本
西村克己
速く、正しく、もれなく考える技術を集大成。コツさえつかめば頭は鋭くなり、理想的な仕事と人生が自然に実現する！

超「高速」仕事術
西村克己
のろい人、忙しいだけの人は両方アウト。ゆとりがあって結果が凄い「先手を打つ」「核心をつく」「頭がいい」87の成功習慣

30秒「脳内」トレーニング
西村克己
記憶、集中、やる気…は脳内物質が決める。100の努力より10の神経刺激をせよ。記憶物質が満ちる。シナプスが増強する。

## 「成功言葉」が運を引きよせる！

松本幸夫

「何を言うか」こそが成功習慣である。運がいい！と言い切れる人に運はつくのだ。ツイてる人に学ぶ最高の「口ぐせ」法則。

## 「会社の人間関係」がよくなる本

松本幸夫

無能な上司からウマの合わない同僚まで。こじれの対処から「もっと親しく」まで。仕事につきものの問題はこう対処する！

## 超「高速」時間術

矢矧晴一郎

十倍頑張れなくとも、十倍速くするのは簡単。本書の時間のムダ取り法で、ゆとりをつくろう。ガラリと自分が変わる！

## 知恵を出す技術

矢矧晴一郎

アイデアや工夫にも「大量生産方式」が当てはまる！「知の回路」を頭に刻んで後知恵、浅知恵の悩みを永遠になくす本。

## だから「書類は一枚」がうまくいく！

矢矧晴一郎

文書に時間をとられるな。仕事力はポイント要約力。まとめる工夫が自分を賢くする。高速作成、高速効果の画期的技術。

## 大事なことは「30秒」で話せる

矢矧晴一郎

結論から言う、数字で示す、は当たり前。賢い人は「話が早い」のだ。その他大勢の話術を抜け出し、ズバリ言う力がつく。